高考热点作家

深度还原考场真题，感受语文阅读题的魅力
一书在手，阅读写作都不愁

写好你心中的风景

王必胜／著

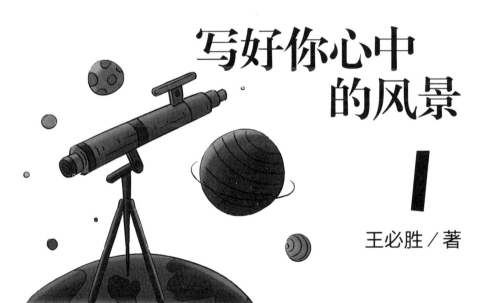

 中国出版集团有限公司

 世界图书出版公司
上海　西安　北京　广州

图书在版编目（CIP）数据

写好你心中的风景 / 王必胜著 . — 上海：上海世界
图书出版公司 , 2024.5
（高考热点作家 / 李继勇主编）
ISBN 978-7-5232-1100-7

Ⅰ . ①写… Ⅱ . ①王… Ⅲ . ①阅读课—中学—教学参
考资料 Ⅳ . ① G634.333

中国国家版本馆 CIP 数据核字（2024）第 079816 号

书　　名	写好你心中的风景
	Xie Hao Ni Xinzhong de Fengjing
著　　者	王必胜
责任编辑	吴柯茜
出版发行	上海世界图书出版公司
地　　址	上海市广中路 88 号 9-10 楼
邮　　编	200083
网　　址	http://www.wpcsh.com
经　　销	新华书店
印　　刷	天津市天玺印务有限公司
开　　本	700mm×1000mm　1/16
印　　张	14
字　　数	174 千字
版　　次	2024 年 5 月第 1 版　2024 年 5 月第 1 次印刷
书　　号	ISBN 978-7-5232-1100-7/G·887
定　　价	39.80 元

前　言

随着语文考试内容的改革，阅读的重要性逐渐凸显出来。近年来阅读题的比重在高考考试中不断加大，阅读内容也越来越丰富，天文、地理、历史、科技等均有涉及；同时，体裁呈现多样化，涵盖散文、戏剧、小说、新闻等。文章涵盖面越来越广，意味着对学生阅读能力的要求越来越高。所以我们应该清晰地认识到，阅读能力的高低直接影响分数，如果阅读能力不过关，那么考试成绩肯定不会理想。

"读不懂的文章，做不完的题"一直是中学生面临的难点和困境。这就要求学生不能停留在过去的刷刷考卷、做做练习题，或是阅读一两本课外书的阶段，而是要最大限度地提升阅读能力，理解文章作者和出题人的意图，只有让学生进行大量有针对性的阅读，才是最切实有效的方法。

语文知识体系的构建和语文素质的养成，既需要重视课堂学习，又需要重视课外积累。那课外积累应该怎么做呢？高质量的课外阅读是非常有效的，这已经成为提升学生"综合竞争力"的有效手段。因此，我们策划出版了"高考热点作家"课外阅读丛书，为广大中学生提供优质的课外读物。

这套系列丛书共8册，每册收录一位作者的作品，选取了该作者入选省级以上高考语文试卷、模拟卷阅读题的经典作品，以及该作者未入选但适合中学生阅读的作品，帮助学生扩大阅读面，对标高考。书中对每篇文章进行了赏析、点评和设题，能够助力学生阅读，有利于提升学生的文学素养、答题能力和答题速度。

本系列丛书收集了在国内高考语文试卷阅读题中经常出现的8位"热点作家"高亚平、乔忠延、王剑冰、王必胜、薛林荣、杨献平、杨海蒂、朱鸿的优秀作品。这些"热点作家"入选高考语文试卷阅读题的作品多以散文为主，他们的作品风格多样，内容丰富，但都具有很高的文学价值和浓郁的时代气息。这些作品不仅对中学生阅读鉴赏能力和写作水平的提升有促进作用，还对中学生的生活和学习具有启迪和指导意义，我们相信这套丛书会受到广大师生的喜爱和欢迎。

新高考背景下的语文学习，阅读要放在首要位置。事实上，今后的高考所有学科都会体现对语文水平的考查。不仅是语文试卷增加了阅读题的分量，其他学科也越来越注重对学生阅读理解能力的考查。提升阅读能力是一项任重道远的工作，重在培养兴趣，难在积累，贵在坚持。只要持之以恒，一定会有意想不到的收获。

目 录
CONTENTS

第三辑　这也是一种生活

▶**作家带你练**

▶**名师带你读**

第四辑　生活随想

▶**作家带你练**

▶**名师带你读**

第一辑 停不下的脚步

　　行走在这条健身步道上，确切地说，是走在古老的好溪边上，目迷风景，次第转换，仿佛走入长长的历史通道。新时代，新追求，社会发展、振兴乡村，风云际会，从古老的历史与现代风情的交汇中，人们见识了缙云大地这方山水的风华。

【预测演练】

阅读下面的文章，完成下列小题。（15分）

汉水的襄阳

①"襄阳好风日。"（王维）行走襄阳街头，这句千百年来人们传诵的诗句油然而出。你可能认为是句大白话，不觉它有何高妙之意，可是，就是这平实的一句诗、一句大白话，把一个城市的感情和盘托出，让人过目成诵。

②遥想当年，唐朝大诗人王维从洛阳经襄阳南下，因与本土诗人孟浩然的交谊，他在这里逗留了数日，而气味相投，文风相近，自然风光更是触发了蓬勃诗情。某一天，站在汉江边远眺近观，或泛舟江上，景色宜人而交谊如醪，他们唱和，王维吟出了这流传千古的诗作。"襄阳好风日，留醉与山翁。"既是一个行旅者的感怀，也是一个地方风华的最朴实最热情的褒奖。

③一个城市，如果有充沛的活水资源，有江河流经贯穿，加上悠久的历史文化沉淀，这个城市的面貌和形象就让人刮目。犹如人体既有了经脉气血的畅通，又有了颜面风华的雅致，这是城市之幸，而襄阳就有这个幸运。

④汉江穿襄阳城而过，形成宽广平缓的河道，成为天然的屏障护城河，最宽处达 250 米。汉江，长江最大的支流，循名责实，水因地而名，或者更有一种寓意。她源于陕西汉中宁强县，全长 1500 多公里，流经陕西西南，下行鄂西北，再经江汉平原，从武汉入长江。自汉中始，至汉口终，因这个汉字的特别之义，有意无意间，她烙下了一个民族的印迹。

⑤汉水苍苍，古城悠悠，源远流长的江河文化、兴旺繁茂的城市文明、瑰丽多彩的诗文华章，在襄阳这个地理区位上，聚合为一个明丽的亮点，让后人源源不断地去探寻。汉江的历史，从何时起始，没有见到确切的记载，但不可否认的是，同黄河长江一样，她孕育了汉民族的兴盛，滋养了华夏文化，也承接了中华文学源头。有说汉水古为沔水、夏水，为中华汉民族的文化之源，是诗书经史的滥觞之地，是《诗经》《楚辞》的交汇、聚合之地。汉水，这条平缓而清澈的水流，如果仅是从诗文传统和文化脉流看，足以成为一个独立而奇特的文化景观。

⑥月夜里听汉水汩汩的波流，看江水逶迤，不禁想起汉江文化的源流。江畔何人初见月，江月何年初见人。江流天地外，山色有无中。这些写江水、抒情怀的名句，此时更有一番意味。悠悠流

水，不舍昼夜，流出了岁月，流出了人文历史。唐诗文化之于汉水，就是一个硕大的纪念碑，襄阳之于文人骚客，如同一个不尽的宝藏。当年孟浩然、李白、白居易、王维、岑参们，用诗文记载游历于此的感受，佳构名篇，尽显了历史的风华与自然的佳美。诗人笔下的古城江水景象，引领我们穿越、行走，也还原我们对当年汉水文化的想象。李白的《襄阳曲四首》，写尽了襄阳风华："襄阳行乐处，歌舞白铜鞮。江城回渌水，花月使人迷。山公醉酒时，酩酊高阳下。头上白接篱，倒着还骑马。岘山临汉江，水绿沙如雪。上有堕泪碑，青苔久磨灭。且醉习家池，莫看堕泪碑。山公欲上马，笑杀襄阳儿。"让人恨不能做一回诗仙，醉饮江水，闲居山水。汉水清澈如许，令诗人们流连忘返：白居易的"楚山碧岩岩，汉水碧汤汤"（《游襄阳怀孟浩然》），岑参的"不厌楚山路，只怜襄水清"（《饯王岑判官赴襄阳道》），丘为的"临泛何容与，爱此江水清"（《渡汉江》）。"遥看汉水鸭头绿，恰似葡萄初酸醅"（李白《襄阳歌》），"汉水清如玉，流来本为谁"（元稹《襄阳道》）。而罗隐《汉江上作》"汉江波浪渌于苔，每到江边病眼开"，褒奖了汉水的如玉清流的品性，还有更为神奇的是，诗人患有眼疾，每次到汉江见到青苔一样绿的汉水，病眼就奇迹似的睁开。诗中，举凡山川景物，成为情感之物。一江碧水，仅在唐代就有无数大诗人留下了诸多篇什；一方水土，也因有了这名篇佳作，千古流传，芳名远播。

⑦当然，隐掩在这诗文华彩的背后，还有那一处处古迹，如无言碑雕，记录着历史，展示着岁月风华，显现出襄阳城市文化的悠

远深厚。走在那青石悠悠的老街，宋代的"九街十八巷"风采依然，瞻仰那美轮美奂的宋代绿影壁，抚摸着当年楚汉时代遗存的石器陶片，想象着在汉水的千年洗礼下，一代古城的风华无限。还有，那郁郁苍苍的古松翠柏掩映下的古隆中，典雅森然、面山而居精巧的习家池，以及沧桑古雅的昭明台、巍然耸立江边的仲宣楼等。这襄阳城的件件文物，见识了悠悠汉水的千年风雨，成就了襄阳一代名城的历史地位。

⑧或许是汉水的滋润，夏雨绵绵，卧龙山松青柏翠，香樟树高大挺拔，当年诸葛孔明的读书处，刘备来访的三顾堂、六角井，显得神秘而森然。同样粪土名利、布衣粗衫、抱朴见素，与诸葛同一时期的还有庞德公，也有李白专门赋诗称道的"孟夫子"孟浩然。汉水苍茫，沧浪濯缨。清水澄碧，汉水有意，洗涤了高士大儒们的尘埃，成就了他们武功文事，滋润了他们的一世英名。"高山安可仰，徒此揖清芬。"李白的感叹，遗响千年，一代大儒仁者，如汉水之清流，历万世而流芳。

⑨古城悠悠，汉水滔滔，一座城市和一条江水，在新的时代，或许生发了许多可歌可泣的故事。但是，自然、历史、过往的沉淀，是它们或他们得以精彩和优秀至为重要的根本依托。

1. 这篇文章开篇从王维的诗写起，为什么？请简要阐述。（3分）

_____

_____

2. 赏析文中画线句子的表现手法与表达效果。（3分）

_____

_____

3. 文章是怎样写汉江的唐诗文化的？这样写有什么好处？请简要分析。（5分）

_____

_____

4. 襄阳这座历史名城有怎样的特色？请结合全文简要概括。（4分）

_____

_____

缙云访古

名师导读▶

王必胜的散文善于运用具体的数据和事例来增强文章的说服力，也常通过引用来丰富文章骨肉，同时擅长环境描写，常从细微处润物无声地揭示文章主题。

人间四月天，缙云好风日。

① 清晨，在浙南缙云县的好溪旁，听溪水潺潺，闻小鸟啁啾。有农家夏种的忙碌身影，也有垂钓者的怡然闲情。"漠漠水田飞白鹭，阴阴夏木啭黄莺"云淡风轻，只是流水与偶尔来往的电动车，留下一些动静。

❶ 此处通过环境描写，写出了缙云县静谧、悠闲的氛围。

❶ 此处环境描写，渲染了仙都风景区宁静的氛围，以及景色优美的特点，并运用了许多好词佳句，值得积累。

❷ 列举具体的事例，说明了好溪名称的由来，侧面衬托了好溪的变化离不开人们的爱护。

❸ 通过一个具体的事例，作者生动形象地向我们说明了缙云山"仙都"一名的由来，更加具有说服力。

这是一条平缓清澈的溪流，也是缙云县仙都风景区的起点。① 长桥卧波间，田畴阡陌；墟烟依依中，水岸葱茏。粗壮的香樟，挺拔葳蕤；繁茂的榕树，曲虬纷披，又有紫藤缭绕，绿苔森森，夏花娇艳，是水的世界也是绿色天地。

十数公里的步行绿道，依溪而建，是当地政府近来提升大众健康指标的惠民举措。沿道而行，牵连起一个个景点和故事。缙云，自周以来就有建制，凡1300多年。② 而好溪，旧时因水害严重，叫恶溪，后经历代疏浚，变水害为水利，其名也改恶为好，近处一座小山也附带名为好山。山水以好名之，简直，好记，实为鲜见。

好溪发源于邻县磐安，流入瓯江，在缙云县境40多公里，因不同地段又有不同的别称。好溪与新建溪、永安溪一道，是缙云七镇八乡的母亲河。

行走在这条健身步道上，确切地说，是走在古老的好溪边上，目迷风景，次第转换，仿佛走入长长的历史通道。新时代，新追求，社会发展、振兴乡村，风云际会，从古老的历史与现代风情的交汇中，人们见识了缙云大地这方山水的风华。

往事越千年。③唐代天宝七年某日，月夜下的缙云山、鼎湖峰，鸾翔凤集，而黄帝祠、朱潭山、好溪等

8

山水景致，缥缈空灵，祥瑞之气如仪，松风樟影之声如仙乐飘响，喜得当年的苗姓知县颇为兴奋，立马上报朝廷说，鸾翔凤集，好兆头，难得人间仙景，于是，唐玄宗赐"仙都"二字，改缙云山为仙都山。为此，这仙都之名，在历代有关文字中出现，也有书家刻字悬于摩崖高台。山为仙都，景点也以此冠名。

仙都，一个诗意、有来历的名字。缙云，又是传说中黄帝的名号。当年的黄帝夏官的名头就是缙云，于是，这就有了与华夏人文始祖轩辕帝的因缘。

仙都风景区之北，步虚山半坡处，绿树掩映中有一幢三进的院落黄帝祠堂，又名轩辕殿。始建于东晋，传为轩辕帝东巡行宫，与陇西黄帝陵并称为"北陵南祠"，成为香火旺盛的南方祭拜黄帝的重地。缙云祭祀黄帝历史悠久，可追溯到西汉时期，东汉学者郭宪《洞冥记》曾有记载。公祭黄帝典礼，于 2011 年入选国家非物质文化遗产名录。原殿几经毁损又几次修复，华堂大轩、黛瓦赭墙、匾牌高悬、塑像威仪。缙云的"黄帝文化"研究为近年来学术盛事，早在 2000 年、2004 年，先后举办了"国际黄帝文化研讨会"，出版论文，纵深开掘，着力研究"黄帝文化"在南方的意义。

轩辕殿右首，一尊巨石，拔地而起，高耸天穹。① 它高约 170 米、宽 20 多米，底部面积 2400 平方米，

① 此处是对轩辕殿右首的外形描写，"170 米""20 多米""2400 平方米"等词写出了巨石的高大、魁梧、壮观。

长形，独峰，像石柱、石峰、石笋、石壁，没有名称。或者是你心中的那个想象。唯鬼斧神工、天地造化才可解释。据考证，巨石为"火山喷溢堆积的流纹岩台地"，亿万斯年，风化、淬炼，形成了如此的高度和体量，誉为"华夏奇峰"。从飞机上拍摄的照片看，石顶有数百平方米大小的凹坑，草木萋萋，形如鼎状，于是有了鼎湖峰之说。石壁主体，风雨剥蚀，经年累月，仍可见簇簇绿苔，或悬挂几株小树。巨石脚下水面开阔，是好溪的支流练溪，时有山泉浸入，清澈平缓，一条长长的碇步石桥，连通东西。115米长、75节墩的"单梁凝灰岩石板梁桥"，是清代的遗物，既可通行，也是一道景观。走上桥墩，鞋可及水，亲水近绿，颇受胆大者们的喜爱。远看，独峰伟岸，高接云天，①恰如宋代王铚的《缙云县仙都山黄帝祠宇》诗中所写，"庙前仙石表今古，屹立霄壤争雄尊"的景象。山妩水媚的缙云横空出一尤物，雄奇挺拔，惊艳世人。因此，当地人敬为"石头大神"，与毗邻的黄帝祠宇一道，护佑了仙都山水的安宁与华美。

缙云的历史浸润在这些老物件中，一条古溪、一个祠堂、一棵老树、一方石峰，足可骄人。然而，浙南的山水名胜，也是古来诗家文人流连之所，华章词句为千百年所传诵。②南朝宋谢灵运在《归途赋》中

❶ 此处直接引用了《缙云县仙都山黄帝祠宇》中的诗句，让读者更能感受这座桥的特色，仿佛身临其境。

❷ 此处作者通过举例说明浙南的山水名胜是古代诗家文人的流连之所，多人曾留下墨迹和诗文，更有说服力。

写了在缙云的见闻：搜缙云之遗迹，漾百里之澄潭，见千仞之孤石。南北朝陶弘景，唐代李白、白居易，宋、明的王十朋、朱熹、汤显祖，清代朱彝尊、袁枚等人，都留下了墨迹或诗文。

缙云为苍括山一脉，属丘陵地貌，丹霞地、火山岩、花岗石等为其特色。仙都山有几处幽深洞穴，最大的是倪翁洞，为时任知县的唐代大书法家李阳冰所题名，圆润结实的篆体朱笔，嵌在山坡石头上，格外醒目。① 倪翁洞是当年范蠡的老师计倪因避难，周游浙南，隐姓埋名，驻足此洞讲学读书的地方。后人纪念计倪取名为倪翁洞。幽深的洞中，留有一些后人镌刻，赞颂他的行为操守。李阳冰为李白的族叔，他为缙云县令时，喜好收集崖壁题字，他擅长篆体，誉为"篆圣"，他还题有"黄帝祠宇"的碑刻等，弥足珍贵。据统计，缙云石刻最早为唐朝，最多的在宋代。唐朝至清代共达99件。有关缙云的诗文辞章中，记录山川形胜、咏怀述史，最早的是南北朝的山水诗人谢灵运，② 唐代徐凝的《题缙云山鼎池二首》诗，"黄帝旌旗去不回，空余片石碧崔嵬。有时风卷鼎湖浪，散作晴天雨点来"，流传久远。清代袁枚自永嘉西行到缙云，写有《游仙都峰记》，记叙了当时差点与仙都风景失之交臂的趣事，传诵一时。

❶ 此处作者通过一个事例，向读者解释了倪翁洞名字的由来，更具说服力。

❷ 此处作者直接引用了诗句、典故，写出了有关缙云的诗文辞章数不胜数的特点。

与倪翁洞相近的独峰书院，面朝好溪，背依好山。四合小院，曲径通幽，苔痕苍翠。这是当年朱熹的讲学地。宋淳熙九年（1182年），朱熹被指派出外巡察，政事的烦扰，又因浙东学派包括永嘉、金华、永康学派的兴起，他从江西辗转于浙东南再前行八闽讲学交友，在数地盘桓后，来到好溪边的好山脚下。这里的读书风气让他停下了脚步。他举办学堂，交友访学，"于此藏修为宜"自嘲"解鞍磅礴忘归去，碧涧修竹似故山"。多年后，陈氏兄弟等为纪念老师，在讲学处设纪念堂，到了南宋绍定元年（1228年），重建为独峰书院。再后重修已是近来的事了。^①我们来时，清明节不久，细细小雨少见人迹，空落的院子，只闻松涛水声。或许，这个修竹茂林的僻静地，远离尘嚣，应和自然天籁，是读书问学的本真。学术与学问本是哲人的面壁修行，需要静养寂寞之功。院中有一棵已逾800年的银杏，超过了书院年龄，老树长有一大树瘿，长约一米，像只小动物依偎于母体，听说还在生长。奇异顽强的自然生命，对人文精神有一种呼应，抑或是默默地承续。

浙南丽水一带有不少古村落，保持完好，形制也特别，成为相当规模的最美古村的样板。^②众多的古迹中，缙云千年古村落河阳民居，恰似一颗偌大的活化石，熠熠生辉。

❶ 此处为作者对独峰书院的环境描写，突出了书院里静谧的氛围。

❷ 此处作者将缙云的古迹与别处古迹进行对比，突出了缙云千年古村落的传承最为完好。

公元 932 年，原吴越国钱武肃王掌书记朱清源兄弟俩，为避五季之乱迁徙于此，河阳成为一个以宗族为纽带、聚族而居的村落。这里，有十大宗族庄园式的古民居建筑群，15 座明清的古祠堂，1500 间古民房。宋代古刹福昌寺、元代的"八士门"、明太祖御赐的"石稀罕"、清代的公济桥以及民国的欧式建筑。题在白墙上的古诗、挂在门楣上的古匾额、驮着屋梁的木雕砖刻、贴在窗台的而今仍葆有生气的河阳剪纸，是见证河阳历史文化脉动的精彩华章。

最为壮观的是高低起伏、气势恢宏的马头墙。答樵路的马头墙群，是河阳古建筑宏大艺术群雕中的翘楚。① 它建于清道光年间，沿街面不同的屋宇整体相连，开成 32 个体态不一的"马头"骑墙，绵延 90 米，错落有致，黑白相间，给人一种明丽素雅和层次分明的韵律美感，远远看去好似 32 匹骏马奔腾齐飞，一往无前。

河阳村多为朱姓人氏，世代重学崇文，其地名和牌楼的取名也与此有关，像"八士门"，因宋元时期村里屡有士子荣登进士，族中建楼门以志纪念。尤其是崇尚礼教、耕读传家，一些巷子、祠堂取名为"廉让之间""耕凿蹦遗风""义田公所""公济桥""循规"等。悠悠文脉，千年传承，除了 8 位进士外，另有 24 位诗

1 此处对马头墙的外形描写，运用比喻的修辞手法，把马头墙群比作骏马奔腾，生动形象地写出了马头墙上"马头"多、看上去十分壮观的特点。

13

人，形成了影响一方的"义阳诗派"，著有八卷本《义阳诗派》诗集，是浙南近代民间文学的收获。

① 此处是对千年古村的环境描写，从"苍老""古朴"等词语，我们可以体会到"历史的气味"。

① 行走在千年古村，苍老的青石路、古朴的石雕砖雕、围屋似的院落，历史的气味让人感受到旧日时光的氤氲。所谓乡愁，就是从这些显见的文化遗存中浸出的，然而，那些悠闲与忙碌的生活节奏，也同时在这古旧村落呈现。走出村口，看见不少人家门前，泛青的门石上，有各种鲜艳的花盆，② 尤其是一种叫不出名字的花，形似灯笼，黄红的条纹，明丽灿然，鸡蛋大小，在青瓦白墙反衬下，格外艳丽。

② 此处以比喻的修辞手法，将花的各种形态明艳生动地展示出来。

延伸思考

1. 缙云访古的"古"体现在哪些地方？

_____

_____

2. 分析本文语言的特征。

_____

_____

焦作行脚

名师导读

王必胜善用好词佳句、修辞手法来突显文章，他在此篇文章中大量引用了诗句、传说、名言等，写出了焦作的特点，运用环境描写，展现了一个风景优美的焦作。

认识一个地方，犹如认识一个人，最怕先入为主。比如，这焦作。

焦作，一个很特别的地名，名缘何来？问当地友人，也查阅资料，都语焉不详。不过，地处中原，为河南省西北重镇，历史悠久、人文深厚，其名气也未可了得。① 以往对焦作的印象是黑色煤城，所谓焦，黑乎其貌，土里土气。产煤之地，污染严重，多是对北方小煤城的印象。错了，焦作的风采和美丽是被误读了的。或

① 此处运用了对比的修辞手法，将过去人们对焦作的印象与如今的焦作相对比，更加突出了焦作转型后的美丽繁华。

15

者说，她的景观与特色，是在作为现代旅游城市华丽转身之后才渐为人们知晓的。

城市的名气首先是人文内涵。有记载，焦作早在8000年前就有人类活动，东周时为京畿之地，汉代为河内府，唐为怀州、怀庆府。所以，焦作所辖的温县出产的山药取名为怀山药，颇有名气，却少有人知其来历。

焦作的名称、归属，历史上多有变更，后于1956年建市。作为中原文化的一隅，文脉深远自不待说，其自然优势也突出。①平原广袤、大山雄峙、大河纵横。焦作有幸，她扼太行之雄伟，挟黄河之气势，借古都洛阳、郑州之名，华夏文明在这里积淀为异样风华。

云台山是最亮丽的名片。每年数十万参观者，高峰时有一天近万人的纪录。云台山风景瑰丽，偌大丹霞地形，山水交合、山峰耸峙，细腻与粗犷、力与美的杂糅，构成了她的丰富与厚重。在北方高纬度的地段，少有这一方山高水长、潭幽谷深的江南风景。那天，我们从焦作市区驱车一小时，听说山快到了，却不见身影轮廓，不经意间，一马平川上，突兀挺拔，高台入云。②"悠然见南山"，没有任何的过渡，一尊巨峰，如虎背龙脊横亘于前，惊喜中又觉神奇。有人笑言，这山的特别，恐怕就是在不知不觉中与你邂逅，与你亲近。

云台山有景有形，有特别的红石峡。她骑着太行

❶ 此处通过好词佳句，生动形象地描绘了焦作的山河壮丽。

❷ 此处直接引用了陶渊明《饮酒》中的诗句，表现出作者在见到云台山后的惊讶、欣喜之情。

山的尾巴，在这里切成一个横断，神工鬼斧，造化天成，红石峡是其集大成者。红者，壮丽、鲜艳，像上苍以朱红彩笔，涂抹成亮丽的色彩，近看是一堵堵的巨大丹霞石，遂有了这数里长的红峡谷。而谷底是一汪长长的清流，林泉幽深、峡谷蜿蜒，在黄土高原上本已难得，然而，那赭红的岩石，又形成不同的景区，有九龙潭、潭瀑峡、茱萸峰等，逐一展开，笑迎访客。

拨开莽莽苍苍的树丛，沿着峡底清流而上，①在时隐时现的石头栈道上行走，花叶纷披，涧水沾衣，苔痕阶绿，瀑泉鸣唱，观石桥石梁在阳光与溪水的作用下，变幻出的各色光影，你感受到大自然的奇妙、山水的柔美、花草的温情。此行不虚，你的游兴得到相当满足。因为，很多的时候，哪怕是所谓的 5A、4A 级的风景名胜，也多是②"不如意常十八九"，徒有其名，诚实是时下对风景点的一大考验。这丹霞石组合的峡谷，垒垒石块，潺潺清潭，无疑让这峡石景观的成色有足够的斤两，老少无欺，这岂不是游者最为快意的？

难得的是，焦作的山水得上苍厚爱，除了云台山外，还有青天河、神农山、峰林峡、青龙峡，五大名胜组合为广义的云台山风景区。③它们或以水域广阔，或以山形惟肖，或以峡谷深幽，或以峰峦峻峭，或以历

❶ 此处通过环境描写，渲染了行走在石头栈道上时的氛围，表现了作者对美好大自然的喜爱与赞美之情。

❷ 此处直接引用了俗语，阐明了作者认为有许多人对大多风景名胜不满意的观点，更具有说服力。

❸ 此处运用了排比的修辞手法，描绘出了焦作的山清水秀、崇山峻岭，山水都有着各自的特点，起到了条理分明的作用。

史人文奇特，或以综合的山水景观而各擅其长。几处名胜，又评为世界地质公园。从体量上，这焦作的景观，是成规模的。博爱县的青天河原是 20 世纪 60 年代修的"红旗水库"，如今，巧妙地运用了革命年代的精神遗产与自然风光的结合，成为一个优美的景点。行船于长长的青天河水道，夹岸风光中有三姑泉、鲸鱼滩等。年轻的导游在文学想象中推荐，我却对由水库变景点的历史颇感兴趣，沉浸在当年兴修水利时的往昔回味中。如今，山清水秀、林草修茂，是多少建设者们的血汗换得。同行中的当地文友曾是当年建设大军的一员，他不无激动地向导游讲述当年的往事，并提醒可以增加这方面的内容，引起了观者共鸣。[①] 是啊，自然山水固然是上苍的厚爱，而护养她的则是人，更不用说当年举凡每一项重点水利工程，都有生命代价的付出，在青天河的管理区的烈士纪念碑就是明证。

我对山水的兴致其实是可有可无的，虽然，古人的"我看青山、青山看我"之说，表达一种主客互为的关系，是一种天人合一的哲学精神，但总觉得自然界的面貌状态，大小高低其实难分，只因时间不同、心绪不一，而领略和欣赏时的主体精神才是先决条件。所以，杏花春雨小桥流水，与大漠孤烟古道残阳，于观者都是一种外在客体，而景点上的人文历史，更是让我等甚为在意

❶ 此处通过具体的事例，抒发了作者对保护自然山水献出生命的人的崇敬之情。

的。当然，要有确凿的依据，是信史方可。比方，沁阳的神农山，说是远古遗存的一座山峰，①因神农氏的传说，让山的韵味有了别样的情怀；比如这茱萸峰，说是因为王维当年的千古绝唱"遍插茱萸少一人"在此咏出，而地名因此而来，为世人瞩目；又比如，云台山的百家岩，因为"竹林七贤"的隐居，不同凡响。这个史上一桩极具个性化的文学故事，颇为后人敬仰，七名贤达，既有同气相求的和善，又有孤绝清流似的耿介，还有惺惺相惜的友情，他们生活过的这方土地，当年的遗存何在？据说，只能留在想象中了。

听说，山涛与向秀是今武修县籍人氏，也没有太多东西留世。这是当下众多旅游景点遇到的共性问题，缺少史料，难以明证，但既有的资源不利用也可惜。于是，挖掘历史，放大旧迹，渲染和组合，成为名胜古迹的一个让人诟病的现象。"匆匆到此"的大众游心态，或许并不太在乎那些久远的、传说中的人（古人）事（没有太多故事的事）呢！

无论如何，焦作的景观丰富博雅，自然人文，既成规模，风华别致，这里还没有说到唐代文宗韩愈的陵墓"韩园"和祖籍沁源的唐代大诗人李商隐的故居。由过去的煤城，到如今的现代旅游城市，管理者们善为能为，在细节上多有亮点。②云台山名重北方，园

① 此处引用了诗句与传说故事，解释了这些山水名字的由来，增强了说服力。

② 此处描写了云台山如今的情况，十分人性化、现代化，说明了管理人员在细节这一点上做得非常好。

区防火是重点。火种看管极严，消防提示牌随处可见。景区门前设有一个宽大的吸烟室，内有各类手机的充电插头，有沙发式的坐垫。男士烟民进出景点多有光顾，也有非烟民的女士们好奇地进入。那天，从景点出来，与老烟枪作家聂鑫森兄见此，享受一番后感叹这著名景点的人性化、人文化的设置。

最是难忘见细节，仅此一点，此地就别于他处。① 有人感叹，景观人文两相宜，才是一个景区发展的王道（硬道理），诚哉斯言。

❶ 结尾简明，既点明了整篇文章的中心，又升华了主题。

延伸思考

1. 文章开头作者写到"认识一个地方，犹如认识一个人，最怕先入为主"，这句话有什么作用？

_____

_____

2. 本文的中心思想是什么？

_____

_____

山水利川

名师导读▶

　　王必胜的散文善于引经据典，本文还展开了细致传神的景色描写，寓情于景，以情与景的交融为着眼点，进而挖掘出隐藏其中的人文风华。

　　风景是一个地方的名片。如今，绿水青山已成为检验经济、文化、GDP 的重要标识。名胜风物，人文风华，成就了一个地方的幸福指数。

　　①利川是鄂西最远的县市，与重庆万县毗邻，地理上有大巴山与武陵山交集。多喀斯特地貌，水系发达，"广利天下而川流不息"。古韵俨然，名胜深藏，因为多年闭塞，鲜为人知，在改革开放之后，名声渐为传扬。

❶ 此处简明扼要地概括了利川的地理位置，给了读者初步的印象。

初秋时节，有幸在利川大地盘桓三日，青山绿水，古道旧隘，生态人文，让人思绪联翩。

江源识珍

❶ 此处引用诗句，将利川的美好形象生动地展示出来，增强了文章美感。

① "青山横北郭，绿水绕东城。"山水利川，因清江的绕城穿过，灵动而丰盈。清江，长江进入湖北最早的支流，有十里画廊的美名，其源头为利川的都亭山。从西往东在城中绕了个弯，顺流而下，连接鄂西重镇恩施、宜昌，直奔长江。

清江有十里画廊的美名，而拜识其尊容是在利川城中。

利川次日，晨雾泛起，天没有大亮，住地楼下众声喧哗，一干晨练的人，生动活跃，大凡城市早起者，都有这样的习惯，一块绿地，一只小喇叭，树下草丛，就是一个闲适自足的世界。

或许高层声音上蹿，素来对声音敏感的我，索性下楼。因昨晚到来太迟，未及看清周边状貌。这里，一条宽约百十米的小河，隐藏在闹市之中。那早起的人们是在这河道边上，运动，歌舞，衣着统一，伴着河堤，自顾自地享受自娱之乐。已听利川朋友说及，山水之城，清江穿城而过，眼前这河水想必就是清江。近乎原生状态的夹岸林木，护卫一汪碧水，清江，闹中取静，平静地流着。① 近水的人行道上，鲜苔斑斑，杂花几许，水柳拂衣，与其他水城多将人行绿道与街市平齐不同，此处绿道建在河堤居中，亲水近水，下几节台阶即可。行人不多，对岸钓者的咳嗽或可闻见，与高处喧闹的大桥通道，形成反差。波平水缓，草木依依，古朴幽深，初始的清江，上游的清江，大隐隐于市，如此景象，令人难忘。

② 著名的清江源头何在？史书记载，清江发源于都亭山。都亭山与齐岳山，是利川两大名山。地接巴山武陵，逶迤于利川境内，峰峦叠嶂，水汽淋漓，形成多处的水源竞秀。清江，古时为夷水，或盐水。因为流域多有巴人居住，北边有早先的大庸国，为秦巴地带，南有蛮人聚集处，也是古盐商之道，夷水和盐水为清江之别名流传。③《水经》中云，夷水"水色清，照十丈，分沙石。蜀人见其澄清，因名清江也"。而《利川县志》也说，清江水，原出县西一百四十里的小山，即都亭山，东流入檀香洞，又伏流四十里，过七药山（齐岳山），东出为龙洞沟河……如今，经多论证包括民俗达人实地甄别，都亭山一块偌大巨石标识，清江源，赫然耸现，成为共识，探源寻流，为不少游者青睐。

利川山水丰茂，都亭山下、齐岳山麓，为江源涵养地。这里，海拔千八百米，潺潺泉流，终年不竭。那天，

❶ 此处对人行道的描写，文字简洁优美，充满了生活气息。

❷ 此处使用设问的修辞手法自问自答，交代出清江源头在哪里。

❸ 此处引用典故，简略得当地追溯出清江的源头和流经之地，并加以历史资料佐证。

先后来到星斗山、福宝山风景区，绿水青山，一路同行，而清江源头也是一路期盼。

在福宝山生态公园，从高处下行，葱郁的林莽，陡直的栈道，步步惊奇，说是有高负氧离子，人不觉累。①扶着曲虬盘错的藤萝，下得百十米的河沟，回头抬眼，有数个瀑布如白练悬挂密林深处，一巨大被认为是瀑布之首的，呈三叠状，轰然奔涌，飞溅落下声震四方。水自天外来，山壑葱绿，神韵十足。山坳中一潭浅水，透绿剔亮，倒映出山峦姿态，青苔茵茵，河石斑斓，矿物质的养分，成全了河潭石的不同色泽。汩汩清流在这里团转之后，直奔河谷低凹而去，汇入了清江奔腾的水势中。我惊讶的是，坐缆车回到山顶，贴着山坡树丛，无数细流从杂树中浸出，或有细丝线般飘散，找不出水脉源头，真应了山有多高水有多长之说。福宝山近邻都亭山，不是清江真正的源头，而千条万缕，聚众归一，有了这方充沛清澈的水源，清江，水清之江，名副其实。关于江河之源，业内有所谓"河源唯长，水量唯大"，庶几可为清江之源注解。

源头活水，遂成了长河大江的生命能量。清江被认为是长江第二大支流，也是土家儿女的母亲河。"江流天地外，山色有无中。"诗意的江河，与风景关联，与艺术结缘，成唯美意象。②唐人笔下的江与山，是

❶ 此处景色描述生动传神，虽寥寥数语，却将瀑布勾勒得十分传神、逼真，给读者以身临其境的感受。

❷ 此处运用了拟人的修辞手法，"温柔""观赏""保护神"，充分展示出作者对清江源头的喜爱之情。

一片旷野苍茫的江河之景，而这清江源头初始的江水发端，我们看到的是，涓涓细流汇聚，水系的丰沛细腻，林木植被的密匝柔情，温柔、深幽、曲折，是它留给人类的观赏维度，因了上游水源地的民众悉心保护，封山育林，退耕还林，成为生态的保护神，才有了这方山水的清洁，有了对水质空气要求特别的各类植物的生长。

还是福宝山下的一个山坳，一方水塘，绿植幽然，浮萍类的圆形植物，大小不一。主人指着问大家，让猜是什么，即有应和，是浮萍、荷莲、水葫芦，不一而足。主人捞上一团，秋阳晚照下，毛茸茸的细梗，吊出一枝船形叶片，嫩亮柔滑，说这就是我们都曾品尝过的莼菜。谁也没有想到，江南水乡的盘中鲜，在山野林地也可得见，也没有想到，深藏叶片下的是莼菜。听介绍，莼菜为水草类，多在长江下游湖泊中生长，西湖、太湖为多产区，近年因水质原因，质量和产量都受影响，渐向同纬度的江河源头、山溪泉边"迁移"。①20 世纪 70 年代，国际友人新西兰人艾黎在利川发现了野生莼菜，向有关部门推荐。30 年前，中央电视台作了专题片，"利川莼"走向了大众视野，并获得国家质量认定证书。因为对水质要求高，温度和气候，土质和肥养，直接关系它的品质。利川几个种植点多

❶ 此处，通过列举不同时期利川莼菜走进大众视野的历程，从野生到"种"到"养"，自然而然地揭示出莼菜与生态之间的关系。

是海拔千余米上，天然充足的水源，腐殖层酸性土质，便于生长。2004 年，这里开始大量种植，到近年已有数百亩面积。因是娇嫩植物，与其说是种，不如说是养，因其对自然环境要求高，也因为人工基因改良难度大，从东部水乡"移民"到了西部山乡，这一变化，令人唏嘘。小小植物，恰如生态的试纸，把利川的生态优良测试出来。①生态向好的利川，水乡的珍味落户大山的江河之源，是幸事、喜事，为清江源的大美，增添了新内涵。

❶ 简明扼要，水到渠成的收尾，用小小的特色莼菜衬托出的生态之美，赋予清江源新的内涵。

老树精灵

②水利万物，泽被众生。大自然的生命，得益于水的滋润，水的恩赐。大江流日月——流出了生命，也流出了历史。

❷ 简明扼要的开头，是生发出的联想，是为了引出下文的"水杉"所做的铺垫，一个"水"字便赋予了一棵大树别样的内涵。

这是常理，一棵大树，一株可进入历史的大树，让人生发出此番联想。

这是一个熟悉而陌生的树种，在我们知识储备中，少有人不知道的那个名词——水杉。正是它，鄂西这个山区小县利川，与生态结缘，有了故事。

这不是一般的水杉，因而又是陌生之树。

❸ 此处充分运用了排比和拟人手法，对这株特别的水杉进行了描述。

这是一株 660 年的长寿水杉。③风雨六百载，见证了古盐道上的云卷云舒；见证了土家儿女的生活过往；见证了清江水源区的历史变化，是如今这块土地上的生命之尊，精灵老树，也是世上仅存的高龄水杉老者。据说，水杉有多种，江南水乡的多为池杉，即使统称为水杉也有区别，叶片、根茎以及对土地的适应，分为多种。

① 在利川谋道镇水杉公园里，她独立天地、展臂苍穹、历经磨砺、生命强劲，风霜雨雪洗礼过，雷电虫害侵袭过，不曾匍匐、不曾退让，如今，仍以伟岸之躯屹立于曾经的兵道商路——谋道镇。

谋道，是千年古镇，在晋代就有建制，后几经易名，民国时期改为现名，其古雅玄妙可作多解，而谋略循道，望文生义，或可一解。这里，高山深壑、峡谷绝壁、溶洞幽深、林莽蛮荒，是土家儿女的世代聚集地，当年的盐商古道上，演绎过土司纷争、族群争斗、兵匪之祸，关隘阻隔、行路之难，可想而知，于是，谋道前行、谋道求变、寄怀遥深。

而这样一棵逾 660 年风云的大树，安详地生长于此，根部虽裸露树体，瘦骨嶙峋，却是枝叶繁茂，生机蓬勃。老古水杉，老古镇，相得益彰；像是一位老者，与天地对话，与时间对话。

时间回到 70 多年前，1941 年初，原国立中央大学教授干铎过谋道，不经意发现一落叶大乔木，认为是，

❶ 此处以水杉顽强的生命历程展示出谋道镇所经历过的历史风霜，起到承上启下的作用。

27

是灭绝于世的树中活化石水杉，因为不能确定，带回研究。后历经多人实地搜集、甄别、研判——1941年"万县高农"的杨隆兴，1943年到谋道东山采集到树种标本的"原农林总中央林业实验室所"王战，两年后，原国立中央大学木学森林学系教授郑万钧、"北平静生生物调查所所长"胡先骕等人，先后在利川踏访取样、研究考察，得出了谋道的这株奇树，是一亿多年前白垩纪时期孑遗植物水杉。1948年，著名的生物学家胡先骕与郑万钧，发表论文确认在中国利川发现"活生生的水杉树"，引起了轰动，被当作 ① "20世纪植物重要发现，当年邮电部门为此发行邮票"。据记载，这古老的"活化石"，曾在北半球，包括北极一带生长，后南移，到第四纪时地球发生冰川变化而灭绝，在欧洲、北美和东亚，从晚白垩纪地层中发现过水杉化石。此次原树种的发现，② "被当作大事件，震动学界，对研究植物生态，气候地理，种子细胞等，意义重大"。

有记载，当年由干铎、王战等人最早发现的三棵水杉，高达30米，但是，历经70多年，眼前的这棵老神树是否就是当年的那三棵之一，好像没有文字留下，管理者们也没有明说。

一围红布的护腰，缠绕在胸径达1.7米的树身，十分醒目，是为了维护树的形态，还是保护她讨个吉祥？

① 此处以发行邮票的史实，增强文章的真实性，对"活生生的水杉树"赋予重要的学界研究地位。

② 此处引用当时的论文，阐述了水杉原树种的发现所带来的历史意义，增强了文章说服力。

红布圈虽有些显眼，却也是好心的祈福，是对历经风雨的老者的致敬。树上镶嵌铭牌，周围围上栅栏以及正在建设的水杉公园、博物馆，保护这个国宝级的一级文物、世上珍品，人们尽心竭力。①那高达 35 米的树巅，冠幅有 22 米，唯有仰视，才见其高。听闻关于她的生命史，面对一级保护植物，心存敬意，唯默默祝福。

几十年来，水杉自利川山中发现，被引种到世界50 多个国家和地区，当作珍贵礼品，用作外事活动。② 五六十年代，周总理曾把"一号水杉"母树种子赠送英国、朝鲜、阿尔巴尼亚等国。1978 年，邓小平访问尼泊尔时在皇家植物园种下一棵中国水杉。近年，她被当作园林绿化和行道街景的优质品种，当作城市市树。湖北武汉就以水杉为市树。水杉品种有五六个，分有池杉、羽杉、柳杉等，不同的树种质量和习性，栽培方法不同，无性栽培最为优良。谋道这株老树，而今仍是无性培育后代最好的母本。多年来，已成功地"养育"了众多后代，现在，仍是同类树种中较为优质的祖母级老树。

在利川，看水杉，了解大自然中的化石文物，是开眼界的事。③之前，曾跋涉半日，山路弯弯，在深山老林的利川小河镇，沿河沟小溪来到水杉公园，绿草茵茵、水汽氤氲的草坪上，数百棵高大的水杉树排

❶ 此处引用准确翔实的数据，进一步增强了文章的可信度和说服力。

❷ 此处通过水杉用作外事活动的案例，凸显其作为外交礼品的珍贵。

❸ 此处的环境描写客观真实，生动形象，给人以画卷般美的享受。

列如仪，阳光洒在绿嫩叶片上，形成淡淡的水墨景象。水杉树上但凡大者，都有无性繁殖的牌子高挂。树丛下，水杉研究者老范为大家启蒙，优质树种多为无性栽植，直接从母体上移植，不受外界基因影响，是纯正嫡传，养育高贵的后代，所以选优良的母体，是水杉优生的先决条件。

本来被这长途跋涉所累，因养眼的绿，安逸的呼吸，这无性体的优质树种，一路烦恼给消解殆尽。[①] 养在深闺的这块水杉树群，亭亭玉立，叶片呈羽毛状，绿嫩鹅黄，虽高达二三十米，树干树枝直挺，颀长，在一个周遭水汽淋漓，绿生生的草场湿地，高大伟岸，也生动可爱。

在往返途中，水杉行家老范几次提到，这一带山沟边，有野生的古老水杉。忽然，他手指前面，说那里有一棵，大家没来得及反应，他又说那棵也是。一路行进，他至少说到数十棵，让我们只是车中远观了那些已调查备案的利川古水杉。现已查明，百年以上古树，利川有 5630 棵，多集中在星斗山小河一带，每一棵都挂上了数据身份牌。当听说前面就有几棵老树，车子在崎岖的山路拐出去好远，遗憾地与野生老树擦肩而去，在那幽深的绿植丛中，辨识古老水杉的轮廓。为了弥补遗憾，专访了水杉公园，参观高龄水杉老树。

❶ 此处描写细致入微，"亭亭玉立""高大伟岸""生动可爱"等拟人化的词语让作者对水杉树群的喜爱交融在美景之中。

车行两个半天，都是听老范关于水杉，关于星斗山、齐岳山、福宝山的生态，关于胡先骕、王战等人发现水杉的故事，有这样的植物达人、生态达人，国宝水杉有幸，利川的山水自然有福。

想到这块边地山城，风水之地，其实，是能生长一些珍异物种的。此地北上百余公里的秦巴山南，郧西的竹溪，就有野生金丝楠木群落，当年为清朝皇帝的龙床用材，清光绪年间为故宫失火后的补救木材；同样，与此西南之隅的重庆酉阳，乌江畔的两罾乡，也发现了金丝楠木群，有一棵千年老树为存世奇葩，偌大的楠木群，形成壮观之象，名重四方，为全国仅见。这两地有幸近期造访，大树生长的环境，人文相偕的故事，让人难忘。鄂西渝东，秦巴蜀地，山水相连，风水相像，土家巴人，是这里的共有民族。①《水经注》说，这里"地密恶蛮，不可轻至……蛮不出峒，汉不入境"。闭塞而原始，"祸兮福所倚"，却为自然物种的天然生长，创造了原生优势。

日月精华，天地灵秀。无论是竹溪、酉阳，还是利川，那些珍稀的植物，遗世至宝，当是上苍的厚爱，也成就了一个地方的幽深的人文风华。

❶ 此处引用《水经注》的记载，将利川所处地理位置的闭塞原始展示出来，侧面说明了利川能生长珍异物种的原生优势。

延伸思考

1. 本文为什么说生态向好的利川，为清江源的大美增添了新内涵？

_____

_____

2. 本文提到的世上仅存的高龄水杉老者是指什么？

_____

_____

石上平潭

名师导读 ▶

　　王必胜在写作中多运用排比、引用、夸张等修辞手法来丰富文章内容，用词简洁又不失生动活泼。本文从平潭的石厝、石头等着手，见微知著。

　　平潭岛隶属福州，东海、福州、海峡，组成了它特殊的方位。[①]它由 126 个小岛和 700 多个礁岩组成，南北长 29 公里，东西宽 19 公里。岛上地名多带有山、洋、岛、村、湾、墘等字。独特的自然风光，人文风华，近来国际旅游岛的建设，被誉为"中国的马尔代夫"。

❶ 此处用具体翔实的数据对平潭岛的构成加以说明，可见其岛屿众多，令人神往。

一

　　岩石是岛上散漫的子民，构成了多彩景观。平潭

❶ 此处运用排比的修辞手法，融入丰富的想象力，将平潭岛上的岩石风景展现给读者。

岛石头独特，有品相、耐观赏。亿万斯年，自然威力，时间磨洗，成就了平潭岛上几大岩石风景。①"半洋石帆"双峰耸立；"海坛天神"安卧静穆；"南寨奇石园"宏富奇雅……无一不拜石头所赐，千姿百态，灵性造化，留下了大自然的生命痕迹。

位于王爷山麓的滨海公园，有一处悬壁高耸的海岸，名为仙境，有仙人谷、仙人井、仙人峰的景点印证。高耸的山岩，小路崎岖、石阶蜿蜒、海浪喧嚣、海风强劲。正午的秋阳，在海水的反射下格外火烈，上下几遭，浑身燥热，有人笑言，寻"仙"之道，殊为不易。好在，登高可近观远眺，湛蓝的大海、飞翔的鸥鸟、波光帆影、悦心怡目。②忽然，近处涛声如雷，从悬崖底部的岩洞传来，如霹雳炸响，水拍石洞，卷起千堆雪，这就是传说的仙人井？屏息往前，旁无依扶，"井底"幽深，石壁陡峭，测试众人的胆量。与几位同行小心前探，只见井底的海浪翻作一团，前浪涌起，后浪凶猛，撕扯撞击，水柱高扬。导游介绍说，仙人井是平潭岛特有的"海蚀洞"现象，井深41.7米，底部有两个大洞通海，大潮时，巨浪可高达井壁中部。气势磅礴，不可一世，当地人俗称为"仙井吼涛"。

❷ 此处运用夸张的修辞手法，带领读者身临其境地领略仙人井的美丽景色。

这一带陡峭悬崖，绵延数里，岩石多为火山石。大自然地壳运动，海水侵蚀，岩壁抽空，形成特有的倒灌反流，也是海岸少见的高深"海蚀洞"。只有海边的岩石与海水形成特殊的角度，地质裂缝的隙孔诸多因素，才可形成如此大的自然奇观。①奇特，壮观，惊心魂魄，唯天人可为，故命名仙人井。传说加演绎，才可解释这自然的神奇。"造化钟神秀"，留给人们关于自然力与美的想象与思考。

仙人不见，造化神功。

二

平潭岛，多为火山岩石，石垒成山，聚石为景，礁石岩块妆成各种生动的物象。其肖像逼真，雕像天成者，当数猴研岛。

②猴研岛是"岛中岛"，一个花岗石的世界，所谓"光长石头不长草"的海上石山。岛上的花岗石，对植物是悲摧宿命。海风侵袭，种子在岩上存留不住，水分流失，根基不固，偶有几许草木，也瘦骨伶仃。猴研岛的至高处几竟光秃秃。只有石缝中的几株植物，天可怜见，挣扎生存。然而，偌大的黄色，间或赭红石头，与蓝天、白云、大海，形成曼妙的色彩组合，显示又一生命意象。③一片泛金黄的巨大石山，匍匐在阔大的海天世界，湛蓝与金黄，在天地间交织辉映，亮丽、鲜艳，纯雅而高古。光光的岛石上，虽缺少自然的生命，

❶ 此处用简洁的词语，恰到好处的形容，对仙人井的名字由来作了合理阐释。

❷ 此处直接点出猴研岛的特点，既衔接前一段对猴研岛的介绍，又引出下文海上石山形成原因，起到承上启下的作用。

❸ 此处运用丰富形象的词语对石山与海天世界进行细致的描写，给人以欣赏美丽画卷般的感受。

岩石却以它另一种生命形态，展示出多彩和丰饶。

猴研岛的制高点是梦山，为主岛景点。顶端一堵大石，独成山丘，秋冬之交，阳光强劲，放射出金黄的光泽。一巨石横亘于前，导游说是岛上的老黄牛雕像。①为什么是黄牛？是因为色彩，还是因为黄牛的禀性？回答说，也许两者兼有。稳重、踏实、韧劲，是海边人们的性格，也是海岛人的生活向往。这里的石山，取名梦山，梦里依稀，有所寄寓。风雨如晦的年月，大海凶险无常，人们的梦想是风调雨顺，海晏河清。地处东海的猴研岛与台湾的新竹隔海相望。团圆聚合，好梦月圆，是两岸同胞的宿愿。就近的平潭"客滚码头"，是大陆与台湾通航的口岸之一。先进的"海峡号"客货滚装船，一天多班与台湾通航。

在梦山之巅，一个邮票式的门框造型，把中国地图嵌入，上面"中国邮政""68"的字样醒目，数字代表此处与台湾最近的距离，邮票造型，是诗人余光中的名句，"乡愁"的诗意具象"乡愁是一枚小小的邮票"，诗意情怀深植于几代人心。68海里的距离，难以阻隔。天高气清，视野很好。倚靠"中国地图邮票"，站在离台湾最近的点上，不禁打油几句：②"浅浅一湾，隔海相望。那边新竹，这边平潭。猴石山头，风轻水蓝。海晏河清，何时团圆？"发在手机的朋友圈。海峡两岸，

❶ 此处运用设问的修辞手法，先提出问题，再进行回答，以此对以"黄牛"作为雕像的这部分内容进行强调。

❷ 此处以对仗工整的打油诗直抒胸臆，寓情于景，表达出作者企盼海峡两岸团圆的情怀。

一湾水浅，团圆的心愿，有石岛做证。

三

① 平潭岛，光长石头不长草，风沙满地跑，房子像碉堡。这句民谣，说的是平潭的石头厝。

厝，就是房子，普通民居。海上的台风和恶劣的气候，成就了岛上特别的民居文化。

筑庐为居，是人类生存之需。岛上建筑，抵御恶劣自然，就地取材，因地制宜，岩石是天然的材料。平潭石头厝，最早的已风雨百年，有民国的大石头厝，也可见清代中后期的老屋。石厝结构奇特，整体的建筑美学效果，成为研究闽南海洋文化的活化石。

平潭岛石厝，结构简单，做工简易。从"东海仙境"下来，转角不远的坡下，一排石头人家，吸引我们，正好近距离地从上往下观赏。石厝屋顶，条沟清晰，石块压实屋瓦，以防风雨冲刷，讲究一些的，用水泥固定。最为称道的是，石头的巧用，横竖间距得当，大小视觉得体，不经意间，天成为别致图案。② 材质上，花岗岩、毛石或条石，灰白素雅。一般沿坡而起，有四扇厝、排厝、竹篙厝的分类。老旧的房子，多是单层。一些石厝在墙角收尾处，留有榫头式的墙头，好像没有完工似的，当地叫"虎齿墙"或"留码头"，

❶ 此处引用民谣，生动活泼地写出了平潭岛房子的特点，充满了童趣。

❷ 此处从细节上对石厝的材质用料进行刻画，言简意赅地交代出石厝的分类。

37

说是每在出海归来，船靠码头，期望顺利回家，也有的是因为经济原因，留有后手，以便来日续建。给人以没有完成的感觉，其实是有意为之，岛上民居文化，浸透着生活的智慧。

①东北角的南澳渔港，是一个古老村落，在明代就建有港口，当年，海上倭寇屡次侵犯，石头厝见证了不屈的海岛人的血性，名将郑成功当年在这一带海上留下了许多佳话。最北端的青峰村，百十户人家，石头厝屋早的已是 20 世纪中叶建成。古旧格局，原汁原味。面向海湾，错落有致。晴空丽日，海天湛蓝，屋顶上，浅灰黄、淡黑色、赭红色，大过拳握，四方形或菱形的压顶石，静静地坚守。②这些年，由于生活环境的改善，不少厝屋改变了旧结构、窗户小、透风差，以及岩石造成的屋顶沉重的不足，改建后的厝屋，材质和格局大致保持原样。

四

山清水秀，面朝大海，厝屋精巧，石头唱歌。这是对君山脚下北港文创村一个门店的点赞。

平潭的朋友说，如果从飞机上看，石头厝点缀海岸景观，色彩斑斓，古朴雅致，如同一座彩色城堡。③《环球人文地理》介绍说，平潭岛的石厝，不仅是中国，

---

❶ 此处对南澳渔港的古老以名将郑成功的事迹增加其历史厚重感和真实性，以石头厝来见证和彰显出海岛人的血性。

❷ 此处简略的叙述，既从侧面表达了对石厝所存在缺点的包容，也是对石厝材质和格局的认可。

❸ 此处引用《环球人文地理》的介绍，"独一无二"用词精巧，展示出平潭岛石厝的巧夺天工。

也是世界上独一无二的彩色城堡。由于近年来国际旅游岛的建设，这些古雅石厝，为旅游者们首选，也吸引了一些有心人。

2015 年初，台湾的林先生来到平潭旅游，奇妙的建筑，别样的人文风情，特别是北港的 70 多栋石头厝融入周边的海上风景，让他流连，心有所动。他租了一栋石厝，改造为咖啡厅，置办文创空间。之后，偶然听说君山上有一处的石头，敲击可发出动听声音，几番寻找，运回这些特别的石头，组成了"石头乐器"，挑选出十多个可以演奏的石头，编号、试音、练习，几经尝试，组成一台"特别音乐会"。①2017 年，这些"会唱歌的石头"，搬上由东南卫视主办的"华侨华人春节联欢晚会"，一曲《茉莉花》，引起轰动。从此，"平潭岛的石头会唱歌"，传颂一时，成了网红。

沉默的石头，有灵性，也是时间与历史的证物。浩浩时空，悠悠历史，平潭的前世今生，这些沉实、厚重的石头具有发言权。

❶ 此处引用 2017 年东南卫视主办的"华侨华人春节联欢晚会"的案例，一方面是对人的智慧的写照，另一方面也证实了"平潭岛的石头会唱歌"的特别之处。

延伸思考

1. 为什么猴研岛被称为"光长石头不长草"的海上石山?

_____

_____

2. 为什么导游说猴研岛上的雕像是老黄牛?

_____

_____

宜兴龙窑

名师导读 ▶

　　王必胜善于引用数据，使文章充满专业度和信服力。本文便是在简明扼要的文字中彰显出其散文中呈现的理性之光，让读者在细细品味中发掘文字背后作者寄予传承传统文化的情感。

　　如同人一样，城市的名气也要多年的积累。比如宜兴，历史可以追溯到春秋战国时的阳羡，也可以在考据的介绍中，感叹她近千年的制陶历史（①据《宜兴县志》载，早在西周时期，约公元前11世纪—公元前771年，宜兴就出现了圆形升焰窑），还可以在有记载的2200年的建县历史中，寻找一个城市的悠悠古韵。

　　陶艺砂器，环顾国内，虽有不少地方生产，然而，

❶ 此处通过引用县志，说明宜兴的制陶历史悠久，增强文章的说服力。

人们认可的首推宜兴，所以这里被誉为陶都？每年还举行盛大的陶艺节。① 口碑是历史的活广告，也可以让一切美延续。人们对某一物件的喜爱，或者某个历史事件，大自然中某个物件，有了特别的闪光处，得到了大众的认可，在民间流行中形成优势，于是有了口碑，有了美的流播。而这宜兴的紫砂陶艺，就是因为丰富的民间性，瓜瓞绵绵，风华绝代，成为流芳广远的一种商品、一种艺术品。

走在宜兴的街头，正值初夏时分，小雨如酥，花香袭人。② 这是想象中的陶者紫砂圣地吗？可是，并没有其他地方为打名牌造声势，而无处不是某个产品的集散、某个产品的卖场的场景。趁着苏南经济发展大势，这个富庶的县城，有了冠绝神州的陶艺紫砂，想象中应当有各类交易市场，各个热闹的展品推销，张扬经济实力，然而，错了，除个别店铺外，几乎与其他的城镇一样，琳琅满目的是各类当季用品和时尚的店铺。那些擦肩而过的人，默默地与这个热闹繁华的世界交集，好像这里的历史，这里的名产，与他们无关，或许，熟视无睹，见惯不怪。这样一种沉静而内敛的生活态度与方式，是造化，也是一种修炼。

③ 繁华是一种气象，而沉静更是一种蕴藏。

作为苏南经济快车道上的一支生力军，宜兴有理

❶ 此处阐明口碑的意义，简明扼要，以口碑表现出大众的认可，展示出对宜兴陶艺的高度认同。

❷ 此处以反问的修辞手法营造出对宜兴和其他地方为了打造名牌、商业化气息的反差，表现出宜兴的独特。

❸ 此句的提炼，是对繁华气息的认同，更是对宜兴所具有的沉静认可，这是一种历史的沉淀和底蕴的积累。

由自豪，也有理由被关注。在这样的感觉中，我们见到了龙窑。

这里是丁蜀镇一个普通的院落，不规则的街道，院落杂居，不少家的门口堆有一些陶器制品。在一个门楼边，立有一方石牌，上面写着全国重点文物保护单位，为国家有关部门制牌。据有关资料介绍：这是宋代的古窑。①古窑也称龙窑，头北尾南，长约50米，窑身内壁以耐火砖砌成拱形，外壁敷以块石和太湖边上特有的白土，窑身左右设投柴孔（俗称鳞眼洞）42对，这些是投放燃料和观察火焰温度的窗口。紫砂烧成温度在1150摄氏度左右，所谓千度成陶。西侧设装窑用的壶口（窑门）5个，是窑工进出取放陶制品的通道。窑洞呈32度斜坡，它可以让火自下而上自然升温，窑尾还在烧着，窑头就可以出窑了，出空的窑位又放入新的泥坯，利用余热进行干燥加热。窑体上方建有窑棚，花岗石柱，上覆以木质梁架及小板瓦，用来遮风挡雨。燃料主要为煤、松、竹枝等。这尊龙窑是留下来的古窑中历史最为悠久的一个，直到现在还在服役，主要是烧制壶、盆、罐、瓮等一些粗陶日用品。

我们到时，正值龙窑的空闲，停火休养。从外观看，②她那圆圆的身子敦实硕大，如一条土龙伏卧，也许这就是其名称来源。正好可以深入内部，从中部

❶ 此处以十分细致的数据对古窑加以介绍，增强了文章的专业性，让读者在寥寥数语中尽可能充分快速地了解陶器的制作过程。

❷ 此处将龙窑形容为土龙，细节上也进行了刻画与描写，说明其名称的由来符合实际场景。

黑色的肚腹中，看到了长长的隧道似的空间，顶端透示几星光亮。有人进去照相，太暗效果不好，就有人喊了一嗓子，仿佛唤起历史的回音，进入了时间的隧道。是的，我们面前是一条时间的长龙，记录着陶艺紫砂的历史，至少是一个百年的民间艺术的见证。民间窑制品，源远流长，已成为宜兴人家中较多见的手艺，因其原料的稀少，加之工艺提高后对其要求越发精尖，现在，成为流传认可的大家也变得极其不易，但是，作为最为大众的、最为灵活的民间艺术，宜兴的陶艺紫砂却保持着旺盛的民间活力，各类小的作坊不少。

①一座数百年的老窑，风雨沧桑，仍然青春焕发，服务于人，令人肃然起敬。出窑口边堆积了不少的烧制品，有盆有罐，也有缸，大小不等，其大的壶状高半米，还有一些破碎的陶片，同行的有开玩笑说，弄不好，捡的就是文物啊！可是，没有见到那些精制的茶壶和艺术品，也不知陶艺大家们的作品是不是在这里烧制出炉的，就有人不无遗憾地说，古旧成精，龙窑老了，也许是太累了吧。是的，在那成堆的可能是次品的陶品前，我们没有见到在博物馆、商品店里看到的那些精美的身价高贵的紫砂壶，想象着它们的不同。可相同的是，它们的问世，得益于大自然的赐予，

❶ 此处以一座百年的老窑，依然服务于人，体现其内所蕴含的是历史的风雨，是背后看不见但饱含的人们对传统文化的传承，让人肃然起敬。

也是巧匠们的创造，然而，最后的功劳，是由无数个像龙窑一样的母体孕育诞生。千度火烧方成陶，是火的炙烤、炼制，才有艺术品的纯度。事实上，人们关心的是紫砂艺术的美，却很少知道烧制出艺术品的窑是什么样子，更不知道它们安身何处，境况如何。

离开的时候，大家与龙窑合影，因众多房屋影响，难有一个全景可取。拍出来的照片也不太好。这龙窑，为紫砂器物的母体、摇篮，其实也很简陋，甚至是粗陋。山不在高，有仙则名。此窑掩于泥草，不在于其外貌如何，出生如何。她的强韧、博大，她的坚毅、沧桑，甚至她的简朴与粗陋，都是她的品格。①历数百年，傲然人世，烟火燎淬，百变为器，孕育出那么多或大或小的陶器，那么多的无声生命，让人敬佩。可是，现在蛰伏于驳杂的村落，经风历雨，静卧默伏，除了那块牌子显示她的身份外，并不显眼，在密集的村落街道中，几近被遮蔽。一些残缺的陶品散集，于粗朴简陋之中，又平生几分孤独与无奈。

❶ 此处以工整对仗的词语，简洁明了地将龙窑的精气神展示出来，表达了作者对龙窑发自内心的崇敬与喜爱之情。

 延伸思考

1. 本文中为什么宜兴和作者想象中的陶者紫砂圣地不一样却依然能得到大众关注？

_____

_____

2. 通过阅读文章，你认为龙窑紫砂壶的问世是得益于什么？

_____

_____

永远的廊桥

名师导读 ▶

　　王必胜的散文用词精练，诙谐幽默，且善于运用反问、设问等修辞手法，在无声胜有声的叙述中阐明道理，引起读者的共鸣，激发读者思考。

　　从大兴安岭的林区回来，正值这个城市暑气逼人，没日没夜的酷热，叫人无法安静下来，心还在那绿色的清凉世界里逗留。每天次第把那十多天的时光和旅程温习一遍。①回到你所立足的当下，那喧嚣的市声，嘈杂的人流，蝇营狗苟鸡毛蒜皮，弄得人烦闷至极。想做点什么，都索然乏味，人的心好像也中了暑。你只好用回忆来冲凉和消暑。②不甘心被热气打倒，看书写点什么吗？汗水早你的思维捷足先登。看电视吗？

❶ 此处用词精练，"喧嚣""嘈杂""蝇营狗苟"寥寥数语便勾勒出烦闷的心情。

❷ 此处使用设问，引出后文的回答，对"看书"这个好方法予以强调，表明自己的观点和立场。

那蹩脚的男男女女游戏，引起不了多大兴趣。于是，抱着电扇，啃着冷饮，翻翻那些消遣的书籍是这个时候打发光阴的最好办法。

这天，晚饭后慵懒的我，随手抄起一本朋友新近送的书。这是一本美国作家罗伯特·詹姆斯·沃勒的新著《廊桥遗梦》。朋友是出版该书的出版社的老总，一个热情的兄长。他几次推荐说，8万字的篇幅，又是风靡美国的畅销小说，很好看的，用它来消暑退热吧。于是，捧起书，于暑气热浪之中，享受着大洋彼岸的人生风景。廊桥，遗梦，多么优雅而含蓄的题名。小说以一个摄影家浪漫的故事表现一段不了之情。这是一个偶然的人生过程，温馨的情怀激励着当事人在人生的旅途中充分享受着生命的意义。许多年后，这份真情被一位作家发掘并表现了出来。男女主人公四天的邂逅，云山阻隔，那段往事、那份情感全成为人生的遗梦。这里所描绘的廊桥是摄影家金凯心仪的一个名叫罗斯曼的桥，他从华盛顿到艾奥瓦为拍摄其风采，独自驱车，而在这带有冒险的执着中，他结识了一位名叫弗朗西斯卡的妇女。艺术家的浪漫和普通人的情怀酿成了一段不了之缘。当若干年后进入暮年晚境，回忆起这段因缘，过往的历史虽然仅仅是一个人生的偶然过程，但是特殊的生命情怀在不无遗憾中变得越发令人怀想和挂牵。渐进的宽容和理解，^①十年生死两茫茫，不思量，自难忘。世俗和天国的暌违，更掀起刻骨铭心的情感波涛。廊桥是他们情感生发的一个艺术的和生活的碑刻。读着这样的文字，你不得不感受到普通的人类情怀的共同性和共通性。你可能触动自己的情感记忆，捕捉生命历程中那份特殊的情怀和心绪。你不由得信服这什么也不能又什么也无不能的文学真正是伟大的"造情运动"。不论是什么年代什么身份的作者，只要有了一份真情的投入，那份情愫，那缕心绪像柔柔的月光飘洒在大地，融入山野，走向广远。

今夜月色好！读着这个美丽的故事，你的联想和通感击退了暑气热浪。^②虽然过了不能轻弹眼泪的年龄，面对一个真实得令人不容怀疑的故事，那份情愫能拒绝自己心绪的兴奋吗？

摄影家的廊桥是他特指的美国的艾奥瓦名叫罗斯曼的桥。拍摄这座闻名的廊桥风采是他的目的，实际上令摄影家心仪的桥是艺术化的虚拟物，与其说是一座自然的物件，不如说是人生的一个偶然过程，一个生命行为的路碑。因此，拍摄廊桥无所谓，廊桥拍摄也许更为重要。在人生旅途中，过程的美丽和辉煌不是常常由我们的经历所证实吗？美丽温馨的廊桥，它

❶ 此处引用词句，展现出作者深厚的文学功底，表达了自己在看书过程中所融入的情感思绪。

❷ 此处用反问的方式，说明看书能带给人以情感上的共鸣感受，由此表现出作者对看书那真挚而强烈的喜爱之情。

❶ 此处以浅显的道理，找到人人都有的共同点，引起读者共鸣。因为不是每个人都会拥有浪漫的故事，但每个人都有属于自己的回忆。

❷ 此处以各种词语难以形容的关于生命历程的偶遇，来与廊桥之美相比较，衬托出廊桥所承载的艺术之美。

不仅是属于作家沃勒的，摄影家金凯的，它也是我们情感世界里的一片美好的风景。① 也许人人并不都有摄影家那浪漫的故事，然而，那里生长着人生旅途中回忆的花朵。

今夜月光明媚。知了的噪鸣、市声的鼎沸、暑气的肆虐，并没能销蚀掉你沉浸在沃勒所创造的艺术氛围中的情绪，相反，因了这份美丽的温馨，廊桥的故事开启着你的心绪，翻阅着你的生命旅程的档案。

我们在人生的风景中行走，我们有过无数次关于桥的故事和经历，我们也曾将桥纳入自己的摄影机镜头，我们的情感也同样地与桥发生过联系。然而，这一切都不是重要的。沃勒或者金凯的廊桥是生命激情迸发后的艺术再创造，是艺术生发和情感维系的见证。我们试图走近艾奥瓦的摄影家金凯的廊桥。② 那粗俗的、纤巧的，华贵的、妩媚的、浅薄的、平庸的……曾经在我们的生命历程偶遇的一切一切，能够与沃勒笔下和金凯的镜头中的廊桥相媲美吗！

摄影家第一次也是最后一次走向罗斯曼桥，艺术的创造和生命的体验，使他既有满足也不无遗憾。他的廊桥依然雄峙在艾奥瓦一个不知名的山坳里，他的情感留在那寻找的过程中，廊桥是永恒的，一如他所追求的艺术，然而，他的生命却在有限的时光里静静地消逝。"此情可待成追忆"。廊桥的遗梦成为他人生的绝唱。不过，他也应有自己的满足，毕竟他曾经有过值得追忆的美好时光。① 那么，面对着彼岸风景的廊桥，我们的阅读体验呢？昌明物质，张扬个性，过分物质化的挤压，充斥着声色感性，满足着感官的快慰，流行的文化招摇过市等，真情需要重新唤回，那金凯式的廊桥情怀，却令我们有着并不陌生的共鸣。无怪乎，在发达的工业社会里，回归一种金凯式的温馨情感，古典情怀，人与人之间真挚地沟通和理解，显得必要；而面对物质生产并不发达的当下，这将昭示给我们什么呢？是艺术的，抑或不是艺术的？

❶ 此处的设问，自问自答，表达了作者对于充满艺术感的廊桥情怀的真切呼唤和寻找。

延伸思考

1. 本文中作者所推崇的打发光阴的最好办法是什么？为什么？

_____

_____

2. 为什么本文要用"永远"来形容廊桥？

_____

_____

第二辑 文化创作之我见

　　每天与书的交道胜过自己的亲人友朋，居家卧室、办公写作的地方，上班的提包里，出差的行头中，抬头不见低头见，满眼书影，遍闻书香，这个职业的特点是与书为伍，与书相伴。

【2020年山东省泰安市肥城第四高级中学期末卷】

阅读下面的文章，完成下列小题。（9分）

生态美文之魂

①生态文学已成为一道别样风景。尽管其确切定义有多解，比如，它始自何时，其内涵如何，是人言人殊的。生态与文学的关联何在？生态文学的基本要素是什么？这些都是有志于此的人们所关心的。

②时下，生态文学是一个闪光点。当一个社会自觉地以自然为友，自然生态的发展变化就会直接影响社会的进程。于是，文学自然而然地就会把生态发展水平纳入自己的视野。

③生态文学，其实是大自然文学，是书写人们在生态建设和自然环境中的生活状态、心情感受。生态文学包括两个内容。一是生态环境成为书写的对象，山水田园、风花雪月、自然生灵，皆成文章，铸成大雅。"江南好，风景旧曾谙。日出江花红胜火，春来江水绿如蓝，

能不忆江南？"是自然的吟唱，是生活的感怀，是风光的唯美颂歌。二是忧思于自然世界的恶化对于人类生存的影响，所谓寻找"诗意地栖居"，所谓环境优化型的社会"既要金山银山又要绿水青山"，如何成为现实的一道难题。讴歌自然生灵，书写人们乐山乐水，忧思于大自然生态发展利用中，在诸多人为的因素下，风光不再，风华黯然。于是，生态自然成为不少文人笔下一时的主角，书写高山大漠、森林河流的治理保护也为一时之盛。社会呼唤文学的多样化，而生态文学的出现，更让文学的多样成为可能，有了一道亮丽的文学风景。

④所谓生态文学，其实是一种对大自然生动而沉静的书写，是一种自在自为的精神舒缓的抒发，是一种充满了善待自然、敬畏生物的思想和情感的提纯。因此，作为生态文学的倡行者和实践者，我以为，主要是用一种亲和的态度，描绘出每个人心中的自然，以人性情怀书写每个人心中的自然风物。所谓"我见青山多妩媚，料青山见我应如是"；所谓"相看两不厌，只有敬亭山"。人文化的自然，是生态文学之魂。如同陶潜的"采菊东篱下"，悠然自得的优雅，如同梭罗的心闲神定的自在，如同普里什文的文章，那些自然生灵，有如亲人似的悠游于你的身边，牵手于你的衣袖，或者，你以"亲人般的关注"，将自然"艺术化的方式，打动人心"。当然，还有真正的生态文学作家，也要像普里什文一样做生态和环保主义的捍卫者，贯穿在身体力行中。

⑤生态文学不仅是一种纯美的文学，她的厚重在于，既书写这

个自然世界的优美和谐、丰姿神韵，也抒发人类对于大自然保护的一种责任。可见风物，也见人文，表达对于消失的风物和失落的生态文明的忧虑。也许，后者是当年陶潜、普里什文、梭罗们所没有想到或做到的，而凸现人文精神，为我们所处的自然生态环境进行文学的书写，是生态文学行之高远的灵魂与精髓。

（本文有删节）

1. 对于生态文学的理解，不正确的一项是（　　）（3分）

A. 生态文学，是一种大自然文学，她书写人们在生态建设和自然环境中的生活状态、心情感受。

B. 生态文学，是一种忧思文学，她忧思于自然世界的恶化对于人类生存的影响，忧思于大自然生态发展利用中，在诸多人为因素下，风光不再，风华黯然。

C. 生态文学，是一种纯美文学，她是对大自然生动而沉静的书写，是一种自在自为的精神舒缓的抒发，是一种充满了善待自然、敬畏生物的思想和情感的提纯。

D. 生态文学，是一种厚重文学，她既书写这个自然世界的优美和谐、丰姿神韵，也抒发人类对于大自然保护的一种责任。

2. 关于"生态文学之魂"，下列表述最准确的一项是（　　）（3分）

A. 像陶渊明那样过着"采菊东篱下"、悠然自得的优雅生活。

B. 自然生灵，有如亲人似的悠游于你的身边，牵手于你的衣袖。

C. 把做生态和环保主义的捍卫者，贯穿在身体力行中。

D. 可见风物，凸现人文，为我们所处的自然生态环境进行文学的书写。

3. 下列表述，符合原文意思的一项是（　　）（3分）

A. 当一个社会自觉地以自然为友，自然生态的发展变化就会直接影响社会的进程，文学才可能把生态发展水平纳入自己的视野。

B. 没有生态文学的出现，文学的多样化就不会成为可能，也就不会有生态文学这一道亮丽的文学风景。

C. 用一种亲和的态度，描绘出每个人心中的自然，以人性情怀书写每个人心中的自然风物，是作者对生态文学的倡导与呼唤。

D. 只要做一个生态和环保主义的捍卫者，并贯穿在身体力行中，就能和普里什文一样成为真正的生态文学作家。

地域、自然与文学

名师导读

　　王必胜的散文善于引用。本文还充分运用了比喻、设问等修辞手法，写出了地域与文学之间的关系，并对地域文学的发展进行了深入的思考。

---

❶ 此处将小小地方与作家名家进行鲜明对比，形成反差，同时表明文章主旨。

　　美国作家福克纳致力于家乡一个邮票大小的地方，于是文学有了"约克纳帕塔法世系"。① 一方小小邮票的地方，成为一代名家的文学摇篮。马尔克斯的马孔多镇，作家精心构筑的一个文学世界，也成就了传世名作《百年孤独》。当年，法国的"百科全书派"的同气相求，巴黎"左岸艺术"同道者们的切磋和砥砺，产生了一大批艺术巨匠。鲁迅笔下的鲁镇，作为小说人物的主要活动地，演绎了人生众多的悲喜剧。这种或地域或人文的关联，是文学艺术的母本，成就了众多的文学天才和故事。

① 地域或者方位者，实际上是文学精神的聚集地、凝固剂。文学乃人的灵感激发，文学产生于创作者个体的精神劳动。但文学无论是巨篇还是短制，是宏大建筑还是抒情小章，无不打上地域的印痕，刻上大地的烙印。文学的地域性，文学的本土意识，文学的风习化，既是文学的根基，也是文学与生俱来的气味和印记。

中国文学是艺术流派和地域性较为强大的一支。② 楚地阔无边。细草微风岸。人口稠密，气象奇诡，神秘浪漫的《楚辞》应运而生；当伟岸的大山和峻急的河流横亘于世，在大漠落日、马鸣萧萧的气象下，西部文学的豪放油然而出。诚如有论者所说，南方北方，南人北人，其性情不一，其风习与心性有别。鲁迅所谓的饱食终日，无所用心，群居终日，言不及义，一定程度上表示不同地方的人的性情差异。地域成为文学永远不可回避的话题。山水诗在江南一隅，形成高潮，本有传承；七贤才子的精神取向在建安风骨中得到流布。即使是中国文学的现代性的流变之后，文学

❶ 此处将地域或方位比喻为文学精神的"聚集地、凝固剂"，生动形象地让读者便于理解作者的写作意图。

❷ 此处以地域的特色对应中国文学艺术流派的特点，将地域与文学切合实际又生动形象地关联起来。

的地域与文学的乡土气味，仍然是其重要和主要的标识。华北平原上的荷花淀派、京东运河派的风情，山西山药蛋的意味，还有岭南文化、湖湘文化，即使是一个小小的岭南，也有客家文化、西关文化、东江文化、潮汕文化等，其文学的流派和风格，都是在地域的怀抱中孕育生成。① 因此，文学的地域和方位，成为特色和独到的文学的徽章与印记。

① 此处，以总结性的话语简明扼要地呼应前文，以"徽章"和"印记"来鲜明地表现出地域的文学地位。

当然，地域对文学的影响，就其内涵而言，是客体与主体的相谐相属。其中包括，一是客观的自然，二是主体的人文。这自然与人文，相辅相成，相得益彰，成就和标示了文学的风味与品位。从文学发展史看，其影响与生俱来，越千年而不衰，成就了文学的风格万千气象，也将继续影响着文学的未来。

② 此处从两个方面对地域文化进行剖析，表达出多年来地域文化已形成了一种定式。

② 如今，这地域文化一隅，一方面，继续延伸着越是地域性越可能是世界的评价；另一面，当今的地域更多的是从文化史迹、文献史实、人文印记中，去对应地找寻甚至挖掘其文学的意义。不过，这多年的提倡或者标榜，已经在圈内有些审美疲劳，当我们看到众多的贴着地域标签的东西出现时，总不免有所警惕甚至于不屑。也许，多年甚至经年的强调与解读，成了祥林嫂似的述说。往往，特色的重视或许成为一个负累，或者，重复为一个尾大不掉而习焉不察的话题。

①那么，在这种文学状态下，地域文学如何发展呢？其实，地域也好，自然也罢，我们所关注的是人与世界的关系，也是人本身在某种生活状态下的精神层面的东西。比如，自由的精神、现代意识下的生活态度、生命状态的自然与放松，或者个人命运与人本精神的关联。②远的不说，近期茅盾文学奖的获奖作品《一句顶一万句》，中原大地上的数个农民兄弟，家庭几代人，因生活所迫，流浪漂泊，渴求的是与人的交往，在流荡与回归，在隔膜与交往中，琐细、负重、漂泊，等等，最为底层的生活样式，却有着较为自由而激昂的生活渴望，没有了因为地域的阻隔，显示出一种远阔的生活场景与人生命运的多重性。有时候，地域只是表达文学内涵的一种方式，比如，历史、人文、自然，应成为一个精神的集合体。由此，文学的地域化，就变得复杂，变得混沌，文学就有了更为鲜活的品相。

地域成就了文学的广度和深度，但地域的标志，或许也会阻隔了文学的现代性的精进。③因而，当我们坐在一个十分优美的客观场景中，我们品尝着文学的地域风情的汁液，我们认知着地域在文学的色彩和滋味的时候，也许，更为重要的是，剥开这被包裹的种种彩衣，让文学的地域成为更大的精神气象，或者是一个与时下人的生活关联更有内涵的事情。

❶ 此处的设问，是作者的自问自答，是对即将陈述内容的强调。

❷ 此处以茅盾文学奖的获奖作品，对上文阐述的观点进行举例印证，增强观点的信服力。

❸ 此处充分运用了比喻修辞，让枯燥的文字变得生动活泼，充分调动读者的视觉与味觉，使文章充满了趣味性。

延伸思考

1. 为什么说文学的地域和方位,成为特色和独到文学的一枚徽章与印记?

_____

_____

2. 本文作者是如何看待地域文学的呢?

_____

_____

读书之惑

名师导读 ▶

　　王必胜的散文善用排比、拟人等修辞手法。本文引用典故，语言优美凝练，嬉笑怒骂之间充分表达了作者对读书的理解和认识。

　　每天与书的交道胜过自己的亲人友朋，居家卧室、办公写作的地方，上班的提包里，出差的行头中，抬头不见低头见，满眼书影，遍闻书香，这个职业的特点是与书为伍，与书相伴。① 于是读书就成为职业，成为生命活动中的一个部分，成为一个无可逃遁的选择。

　　读书，注重的是性情的投入。古人手不释卷，雪夜围炉，沐浴焚香，在于阅读的环境；读哲人智者的

❶ 此处运用排比句式，充满感情色彩地表达了作者对读书的理解和认识。

宏论妙语，读到尽兴解颐处，足之蹈之手之舞之，乐而忘饥，物我皆忘；读书，又能磨炼你的性子，当你有如老僧入定似的沉静时，你会收到以一当十的功效。

❶ 此处用拟人手法，将书形容为人类的朋友，展现出书的魅力。

① 书是人类忠诚的朋友，老少无欺，桃李无言，下自成蹊。

书传递着同好的友情，一本散发着油墨香味的新书，飘然而至，虽然寥寥几字的签名，那份情谊，那份心绪，尽在不言中。

更多的时候，是自己到书摊、书市上去淘书。这些年里，各类出版物五花八门、良莠不一。寻觅一个你所心仪的作家，你所动心的书籍，是件不易的事。但是，在这种寻寻觅觅当中，你得到的是在自由心态下的阅读。

❷ 此处以排比手法将书摊比喻为"出版市场""流动的图书馆"，表达了作者从书摊上得到的阅读的自由心态。

② 书摊是一个浓缩的出版市场，是一个流动的图书馆，也是一个没有预设的随机性的阅读。在这里，洋洋大观，似无定向，各类图书荟萃，选你所爱，得你所好，也许比起到书店，到图书馆，收获都要大得多。

读书的快意是一种任意地翻阅。这种感觉在街头的书摊上最容易满足。长时间在书房里，在阅览室中，在办公桌上，正襟危坐，烟熏茶煮，阅读的兴趣和愉悦被一种刻板的定式所规范，六经注我，阅读的主体精神就不经意地流散和淡化了。这种阅读一旦成为按部就班的行为，阅读就变成例行公务式的一桩痛苦的事情。这种职业性的阅读，不经意地消失掉阅读的创造性，消失掉阅读的快感，被书籍牵着鼻子，成为书呆、书虫。

腹有诗书气自华。书到用时方恨少。① 前辈作家们读书，讲求的是广取博收，有海绵吸水法，有鲸吞之说，有蜜蜂采花的比喻，等等。读书为了积累、丰富和充实，为了厚积而薄发。② 这种阅读注重的是学以致用，是文化传承，薪火相继，因而有雪夜闭门读禁书，有红袖添香，囊萤映雪，悬梁刺股，讲究的是执着和投入。

然而，现在人们的读书兴致和热情越来越减退，读书人的队伍也在减少。在这个文化浮躁的时代，举目皆是电光声色，影像音舞。丝竹乱耳，目迷五色，简单快捷的感官享受，媚惑诱人的视觉刺激，对比之下，文学的阅读就成为辛苦的劳作，变成一种迂愚的体力活动。电影电视、卡拉 OK、JJ 迪厅……正在从读者群中挖去大量的意志薄弱者，培养出大批的听众和观众；还有，实利的获取，功名心的迫不及待，难得有心坐下来，烹书煮字，面壁修课，更何况那亢奋的股市，各种博彩奖券的诱惑；生活节奏的加快，竞争的激烈……文化的分量在某些大款大腕看来，并不比一顿晚宴值钱。③ 一个流行文化走俏的时代，读书被

❶ 此处以排比句式，将前辈作家们读书的方式进行归类，生动形象，引人入胜。

❷ 此处充分列举了与读书相关的典故，既表现出作者深厚的文化底蕴，又使读者联想到故事的趣味性。

❸ 此处以流行文化的走俏与读书被当作奢侈的高消费被排拒形成的鲜明反差，来说明大众对读书兴致和热情的减退。

65

当作一种奢侈的高消费，被大众所排拒。虽然，不少的书籍还在印制，不少的图书仍然在出版，这个时代的读书人似乎成了不合时宜的怪异，成为文化的一种装饰和点缀。

读书日益成为这个文化浮躁的时代十分艰难的事情了。因而，每有同好以新著见赠，我以为，在这个通俗文化和快餐文化走红的时候，坚守着文化的圣洁，不啻用心血和智识点燃精神的薪火，不啻进行着文化的圣战，对文化积累作无私的奉献。尽管这其中有着良莠不齐。但读书人之间并非功利的书友之谊，同道者们的书道之情，在这个读书并不成为大众生活的必要选择的当下，是十分难得的，①"吾道不孤"。所以，我的不少时间是读朋友们的新著。研究学问的，文学创作的，文化的描述，学业的精进，对社会人生的洞悉，都使人获益。学人大家邓拓当年曾引述过古人的"有书赶快读"的至理名言，不过，当你联想到在这个并不是读书的时代，仍然有这么一些人愚不可及地坚执自己的理想，坚守着文化神圣，你的阅读变成了对文化精神的礼拜，一种朝圣者的情怀，想起来，又是愚不可及的迂腐。

②读书其实说来，纯粹是个人的事，孤独地对一豆灯光，同哲人智者交谈，同大师对话，同你所心仪

❶ 此处，作者以简洁的四个字"吾道不孤"表达了依然有着坚守文化圣洁的同道者保持着读书文化精神的情怀。

❷ 此处以排比句式，强烈表现出作者向往读书、喜爱读书的情感。

的作者神交，又是一件十分惬意的事。潜入其中，你也许会少了浮躁之气，用你的心去感受文化先贤们的智慧，你的生命虽然并不就变得鲜亮和活泼，但充实了自己，却是毋庸置疑的。

就读书的痴迷来讲，我不属于虔诚的教徒，如同面对宗教，有的是信仰，有的则只是爱好。我更多是因为这个职业对于它的别无选择，也因了这个时代提供了更多生活和思考的空间，我们除了书和笔，身无长物，身无所长，只能做这种毫无办法的选择，也只好接受和认命于此。在这种半是职业半是爱好的阅读中，我所希望和期冀的是，人间有好书可读，人生的阅读不仅仅是为了自己，为了某种友情。^①当读书成为个人之间和同道之间私情交往的时候，阅读是一种残缺，也是一个时代文化的缺失和不幸。

❶ 此处作者的观点呼应上文"读书纯粹是个人的事"，进一步阐明自己的观点。

我们忧虑眼下读书成为精神贵族的奢侈，我们激愤自己的书籍没有多少知音，作为读书人和写书人，我们更多的时候，为充斥着书摊书肆上的大量的庸俗读物而汗颜。^②文化的精品和经典在这个时代，需要花大力气去寻找，文化垃圾堂而皇之地挤兑精英文化，文化沦落为商业的奴婢，低俗的读物也打着文化之名畅行其道，这无论如何是真正的读书人深感忧虑的事。

❷ 此处作者以"文化垃圾"和"精英文化"形成鲜明对比，表达了自己和同道读书人深深的忧虑。

不过，足可欣慰的是，我们毕竟有自己的阅读选择，有自己的阅读天地。在这个被认为转型期文化政策不完善的时刻，人的文化空间随着人的生存空间的扩大显得相对自由广阔了。以平常心态看生活，以平常心态去读书，或许是文化人和读书界唯一的选择。

延伸思考

1. 本文题目中关于读书的"惑"是指什么？

_____

_____

2. 作者为什么说读书"纯粹是个人的事"？

_____

_____

散文的几个关键词

名师导读▶

　　王必胜散文言简意赅，且善于运用比喻、拟人等修辞手法。本文分别从思想、情怀、自由、语言四个关键词来对散文进行归纳，让读者快速地领略到散文的魅力。

　　①散文的收成如今仍可视为丰年，她仍然是各门文学样式中的大户。当然，散文不如小说、纪实文学那样某部作品可叫响一时，或常有研讨造势，但其成绩也是可观的。或者说，在每年盘点时，不能不看到她承继了以往的能量，在读者中仍葆有极大的热情。

　　好像有人说时下是个命名的时代，人们热衷于命名，在文学中也如是，概念上去分解，定义上去说道，文体进行划分，但总是界限模糊、阵线不明、语焉不

❶ 此处用言简意赅的方式揭示主题，便于读者快速把握文章主旨。

详的。时下，文体的分类越来越困难。有的只是划出个大概，欲知其所以然只能靠个人的体悟了，或者在莫衷一是的比较中去测度。① 比如，纪实文学与报告文学的关系、杂文与随笔的关系等，就没有人能说得清。散文的特色或者说散文的定义呢，同样，在文学的诸文体中，也是不太好界定的。有说，她是博采众文体之长的"多面人"，长袖善舞，或许就是其所长。

　　② 我们不说定义，那是个弯弯绕的线团，我们也不太好说今年的散文特色主要有哪些，因为，散文的年度总结，我以为每在这个收获的秋季，岁岁年年去说，有些困难，即使在一些选本中得以展示的，未必就是代表了年度的最高水平，就是了不得的作品，更遑论，一个人或几个人的视野也是极为有限的，还有众多人为因素。所以，每看到在这个时候，有文章搞所谓的年度盘点，挂一漏万地提及某个作品，归纳某些特色，总是有点担心的，也是老套的令人生烦的事，虽然自己不得已也做过，这种期望对鲜活的现实进行理论框定，其说法与做法也像一个盲人摸象似的吃力不讨好。所以，这里选年度作品，也是有些忐忑的。只是，我们秉持往常对于散文的大致的概念，这是因为：③ 第一，人文情怀和精神向度，就是说，作品不是纯个人性的故事和书写，而是有着大众情感的关联，让读者有共

① 此处用举例来对上文内容做阐述和解释，便于读者理解。

② 此处将对散文的定义比喻为线团，将年度总结比喻为收获的秋季，使文章读来更加生动形象，增强可读性和趣味性。

③ 此处是对上文中"往常对于散文的大致的概念"所作的阐述解释，让读者知晓散文好作品的标准是什么。

鸣；第二，她表达方式的有意味，就是说，令人咀嚼、有吸引力，或者文字上老到精致，或者气势上的整体效果突出。虽然这样说也是一个虚质，可是，你引读者入胜了，读后有嚼头，就算是好的作品。

对散文年度的面貌，与其归纳什么，或列举出哪类作品的优长，不如换一种思路，用关键词来表述，对一些问题作些梳理。

一、思想

散文不直接以叙述和提炼思想见长。思想即主题，她不是直接地展示主题。或者说，散文的主题不好以简单的归纳法来要求。①固然,思想是一切文章的灵魂。但思想是内在的融合，是肉，不是皮；是风骨，不是外表；是质地，不是形状。她不耳提面命，不是高头讲章，不是热闹地紧跟社会时尚或政治情势，不是主义与问题的随从。

散文的思想是潜在的、隐性的，是和风与细雨，润物无声的状态。隐藏、内敛、细微、机巧，在文章的内涵上，给人以张力和激荡。

散文可以从所呈现的人情事理中，渗透书写者的精神情怀，让阅读成为巨大的精神享受，得到共鸣与应和。②其主题或思想，不因为她隐匿地表达，或者

❶ 此处将思想比喻为灵魂，凸显出思想在文章当中的重要作用。

❷ 此处用"她"将散文拟人化，充分运用了"轻盈""精巧细致""风花雪月"等词语，生动形象地表达了作者的观点。

轻盈地渗透而缺失；不因为她的精巧细致，不因为她的风花雪月和个人情感的表达，而减少其主题的厚实与深度。

现在的问题是，有多少散文在思想主旨上让人感动，撞人心扉，启人心智，令人感同身受而共鸣呢！

没有思想的文字是六神无主的躯壳，没有力量，没有深度。而时下，散文的思想有如稀薄的空气，难以捕捉。①不少纪念性的文字，不少赶时髦的歌颂体的文字，不少游记式的报道文字，其内涵苍白，内蕴寡淡，难以卒读。这类文字，有，等于没有。

当前的散文，不缺少机巧的表达，缺少思想的呈现；不缺少场景和客观景象的描写，而少有人的精神世界的开掘，人的灵魂深处的触摸。散文可以散，可以信笔而书，可以笼天地于形内，挫万物于笔端，然而，其风骨和灵魂是首要的。

二、情怀

②为人者多情怀，为文者亦然。无情无义，其人不可交，其文味同嚼蜡。

文字的鲜活与沉寂，有味与乏味，关涉情怀。情怀是大爱，是善，是真，是文章的内蕴品质，经典远播传扬的关键。缘情而文，作文之法则。文章者，境

❶ 此处运用排比将没有思想的散文类别进行列举，让读者更易于领会和理解文章内容。

❷ 简明扼要的开头，将人和文联系在一起，为引出下文做好铺垫。

界之不同，亦是情怀的高下之别。情怀高致，其面貌可爱；高情大义，其风华自雅。

① 关怀弱者，敬畏自然，尊敬长者，感念生命，尊重历史，敬仰人文等，情怀使然。书写生活，记录思想，追慕前贤，期待来日，形诸文字方能显现出高下优劣，其区分也在于是否以情感人，以义达人。

散文在时下数量庞大，势头不减。君不见，各类纸质媒体仍为大户，各路作者老与少，名与无名，多有染指，网络博客微博，壮其阵势。但，如若仔细分辨，鱼龙混杂，或可以滥且乱而名之。如没有节制任意而为，或以枯燥沉闷的东西占据版面，有些作者耽于自恋自炫，倚老卖老，矫情自负，不可爱，失诚信，令读者敬而远之，或生烦厌。信马由缰，无所节制，小题大做，无病呻吟，成为疏离读者的主因。

② 情怀是平实的风度，是高扬的精神气象，也是一种人情世态秉持的尺度。它不轻浮，不急躁，不自恋，不乖戾，不虚伪。

借用一句时髦的用语，作文要接地气。散文写历史、文化、民生，书写情感，励志抒怀。散文的情怀，实际上是对大地的书写，对民生的关注。作文要有温度，温度是情怀体现。与大地和大众精神相通，气息相求。观照平民人生，书写生活艰难的脉动，展示大众的精

❶ 此处以简洁的词语，层层递进，从最表层的关怀弱者、敬畏自然、尊敬长者，引申出生命、历史、人文的深刻内涵，最终落脚到情怀。

❷ 此处运用排比，让句子读来朗朗上口，对情怀的解读条理分明，感情洋溢。

神追求和人生的期望，文章就能为读者大众青睐。

三、自由

写作者精神是自由的。古今中外大家如是说。散文更是一种放松的心态下的文字表达。

① 我想故我写，我手写我心，畅快直接的表达，本真求实的还原。散文中有人，写人是主体，写别人或自己，可折射人生历程，可开掘精神情操。散文写人，真实朴实，不事渲染；不是炫耀，不是人物形象的标准画像。

❶ 此句以精练的文字，总结了散文的写作技巧，起到承上启下的作用。

散文是自由的文体。或者说是最自由的文体。② 散文的包容，散文的自由，成就了她的气象万千，不拘法度，她的写人、写史，记事、主情，写当代、写过往，不一而足，只有让文字自由地表达，放飞心态，高扬自由精神，直面生活，亲近大众，散文才有大雅之作，才会体现出美文的品格，为大众所喜爱。

❷ 此处借"她"将散文拟人化，一方面增加了文章的生动趣味性，另一方面凸显出散文的可爱。

她可以近距离地捕捉当下文化精神，显示出书写者对社会人生敏锐感悟，可以荦荦大端地对于一个时代的万千气象进行文学描绘，可以对社会热点进行文学透视，也可以从一个新的视角对历史中的人与事进行打捞和挖掘；或可以精细地对某一社会现象进行切片似的描绘。她可以有宏大叙事的丰富，有宽大视野的开阔，有精致细腻的切入，有纵横捭阖的豪放，有小桥流水的委婉曲折，有情感激烈的辨识与争执，有情怀柔美的迂回与矜持。长河大波和小桥流水，都可视为散文的表达方式。

她不拘成法，无有规范。①记，可以写史，秉笔直言；赋，可以赞人，也可弹人；长，可以洋洋洒洒，或以专题写类型；而短，可以是一个事件一剖面。长而有度，短而精微。主题广泛，写法多样。求真，探寻，辨析，释疑等，人生万象，花鸟虫鱼，喜怒哀乐，皆成文章。

自由，是随心，是放松轻快，是宽怀畅达，是不惧不忧。文字的自由，终究是心灵的自在、精神的自由、情感的自足。

只是自由放飞了散文的精神，开启了她的远行能力，但，如何让散文的自由转化为优质的文字，是当下散文不可忽视的问题。

②常见的是，不少文字端着官员腔、公文腔的架势，主题先行，或赞颂词式的，自恋自负，暮气沉沉，掉书袋式的酸腐气、八股调，令人生厌。或者，套话式地写乡情乡愁者，了无新意，这诸多散文的病灶，也破坏着散文形象。

散文自由地表达，切忌八股式、官腔式的贩卖，不是居高临下地俯视，也不是拘谨地再现生活，丧失

❶ 此处用排比句式，将散文的记、赋、长、短等特点简明扼要又不乏生动地表达出来。

❷ 此处，生动贴切地将散文存在的问题列举出来，语言简练准确又不失生动活泼。

掉其生气和鲜活。自由是内在的，是心灵的，没有写作者内在的心灵感受，其文字是枯燥乏味的。

四、语言

文学是语言的世界，作家是语言的魔术师；散文不是文学样式中语言的极致者，却也为大家高手们致力追求的文体。

为文有高下种种，但可从语言的精到或粗放，隽永或芜杂，文野雅俗来区分。^①语言不专是一个表达技巧，而渗透着作者的情感成分、才学天赋，语言的优劣精芜，是写家与大家的分水岭。

❶ 此处将语言的优劣精芜比喻为"分水岭"，引发读者联想和想象，使抽象的语言能被读者快速理解和感知。

散文语言首先要精练，流水账单式的枝蔓令人生畏。语言要有以一当十的效果。其次是精致有味。常见有些散文语言枯涩，叙事拉杂枝蔓，结构板结，写人平淡苍白如履历表，说理像论文式的干巴，记事如新闻式的浅近，其原因是缺少语言的灵动和张力。^②当年鲁迅、梁实秋、周作人、林语堂等大家的文章中，我们看到的不只是对于人生的特殊感悟，而雅致的语言和精致的情怀，令人回味无穷。有时候，一个形象的语言表示，就可以成为文章的一个文眼，比如，董桥关于中年是下午茶语言意象，足可以成为一篇文章的经典表达。^③语言是作品的面貌和气质。风华无限，

❷ 此处通过文学大家的文章中所具有的独特魅力，进一步彰显散文语言的重要性。

❸ 此处将语言比喻为作品的面貌和气质，抓住散文的语言特征，用人们熟悉的事物给人留下鲜明深刻的印象。

意象峻拔,而情怀悠悠,可以吸引读者,可以成为经典。一篇作品,如果说情怀是其内修的话,而语言却是一个显见的外形,这也是散文大家们所看重的。

眼下,不只是散文创作,在文学界或多或少不太注重语言的修为,除了其写作者本身的能力外,也有在创作中忽视语言而随意作文的心态作怪。语言是一切创作的关键,而散文对语言要求更为严谨,对此,多年来却不太为人所警醒,一些散文家在语言上乏善可陈。重视和讲究语言,这本来不成问题的问题,竟成为散文以至时下诸多文学提高水平的急务,说来,多少有些滑稽。

延伸思考

1. 本文用了几个关键词来表述散文年度的面貌?分别是什么?

_____

_____

2. 我们对于散文的大致概念是怎样的?

_____

_____

散文的姿态

名师导读▶

王必胜的散文条理清晰，层次脉络分明，遣词用句也十分的简洁精致。本文便是从四个方面对年度佳作进行了盘点。

❶ 文章开头简而得当，用"四不像"来形容散文，具有吸引读者、先声夺人之效。

① 散文是当下文学中最不好界定的门类，以前的文学三分法——戏剧、小说、诗歌，已然定型，特点和模样较为鲜明，而散文，有点"四不像"。在当下传播手段多样化、高科技化之后，散文更不好定义。有论者认为，散文无所不包，非马非驴，一地鸡毛。虽一家之言，或可见其窘态。

❷ 此处从散文的雅、博、姿态、洒脱等特点上，彰显出其讲究和与众不同。

因此，散文写作没了门槛，人人可试身手。但是，从文体的雅致，文字的精到，文气的典雅，这样来辨识认同，散文，是有讲究的。② 散文是雅文，雅致之文，博雅之文。散文是有姿态的文字，姿态优雅，文字讲究，文本洒脱。

现如今的散文，何寻此品？数量大，是多产了，却不优质，人多，作者广众，却缺少大雅妙文。铺天盖地，几近泛滥，率尔操觚，浅近虚妄，闲扯自恋，夸饰娇气；又多陈年旧事，倚老卖老；或者，游东走西，官宣文字；再有，美其名曰挖掘历史面貌，书写人文风流，其实随意渲染，演绎加工，少了认真诚实，林林总总，凡此都与散文的传统——经典化、神圣性，相去甚远。

如今，写大历史、大事件的长篇散文渐多，遭诟病者也多。怀人恋旧，随意渲染，陈年旧事，夹杂私货。比如，写某名人为自己写了序作过评，哪篇文字得到赞许，云云，博名之心，不加掩饰。一些怀念之作，写故人往事之作，博名利，傍名人，"为了打鬼，借助钟馗"。此类文字，实在令人不屑。这些散文的题材吓人，却少有敬畏和实在心态，杜撰加工，注水式的"我证我"，糊弄视听。① 其实，散文不是以题材取胜，从细微处，小切口生发，以小见大，文心斑斓者，才见品位。要求散文的大气强势，宏大至伟，是加害了散文。贪大求多，动辄专著，窃以为那不是我们期待的散文样貌。

② 鲁迅说写作，多真意，去粉饰，少卖弄。散文是真实之文，诚实之作，要葆有良好的敬畏之心。写

❶ 此处，总结上文列举的故事内容，以精简的文字表达了作者的观点。

❷ 此处引用鲁迅的说法，为下文的"散文是真实之文"做好铺垫，提供有力的说明。

事记人，史实真切，即使还原历史，真实性为其圭臬。抄资料，复制式的文字，没有情感温度，与那些添油加醋，没有人证旁证的文字，恰是鲁迅所针砭的，也是当下一些写史记人散文的症结。

回头看年度的创作，^①年年花有样，岁岁人不同。

❶ 引用俗语，增强感染力和文采，增加文章的可读性，流畅自然地引出下文。

其一，年度的大事要事，家国情怀，民生经济，不能缺席，也有值得回味的佳作。这是文学纪事的史志传统，也是散文的担当。

其二，新时代新生活的召唤，人生的新感受，生活的新变化，各行各业东西南北都有了极大的认同，在文字上及时地反映和书写。比如，生态散文的异军突起。

其三，个性化的认知得到进一步地扩展，比如，对故土的怀念，对逝去的家园和亲情的书写，对生命的尊重，对生死人伦的诘问、认知等。这类文字，从亲情乡情友情出发，在变化的生活环境和人生的感悟中，渗透了历史情怀的勾连与人文精神的参悟，遂有了别样的情味。或者，从细微之处看世界大千，从人生支点看时代大势，这类作品有着相当数量，老谱新唱，别出机杼，另得风采。

其四，读史读人而形而上思辨的篇什。这是时代前行中，生活变革剧烈，现代人面临的诸多问题的求解。

如何进行的精神性思考，知性与智慧的书写，是当下文化中国，书香人生的题中应有之义。在阅读中找寻，在寻找中求解，是积极纵深的人生之态。

① 一年好景君须记，幸会文学盘点时。

① 此处以简洁优美的文字，水到渠成地总结全文，点明文章主旨，升华文章情感。

延伸思考

1. 本文认为散文的品位是什么？

_____

_____

2. 本文对年度佳作从哪四个方面进行盘点的？

_____

_____

散文这个精灵

名师导读▶

　　王必胜的散文善于运用比喻、排比等修辞手法，结合丰富生动的语言给文章插上想象的翅膀。本文便是这样让散文灵动地呈现在读者眼前的。

❶ 此处开篇便运用了排比句式，渲染出作者的情感，开门见山地揭示主题。

❷ 此处运用比喻，生动形象地揭示出散文的文学地位。

　　① 尽管散文是一个没有确切定义的文体，尽管散文的历史也是一个没有定论的悬案，尽管散文也曾不被某些作者认可——有所谓"雕虫小技、壮夫不为"的戏言，然而，散文的实际状况是她的生命是强盛而博大的。② 她是文坛的一株大树，她是文学的一个精灵，无远弗届，无所不在，从古至今，林林总总，留下了众多的精品，制造了许多的经典。对于文化的传承，对于文学的发展，对于人生的精神引领，散文之

功，善莫大焉。① 或者，可以说，泱泱华夏文坛，散文成为一个飘浮于人生和社会之上的文学精灵，对社会和文坛的影响，不可忽略。设若没有散文，多少中华典籍会留下遗憾和空白。即便是自现当代文学实际看，散文成就了许多文学大家，也是各类文学高手们一试天地的园地。所以，散文这个文学精灵，游荡于文学的天空中，也裨益于社会人生。当我们面对诸多散文经典时，我们不能不以一种敬畏虔诚的心，享受散文大家给予的精神滋养，也享受着散文佳作带给我们的阅读愉悦。

这就是，为什么当下文学并不太为读者所青睐，而散文或可一枝独秀，仍有不少读者追捧，仍有众多的集子和年度选本行销于世。② 在美丽的文学天空，散文的灿烂光影、灵动而优雅的姿态，装点出无边的景色。

为什么，一个并没有明确的文本定义、杂糅了诸多文学样式之长的文体，一个亦古亦新的文本样式，在如今文学分工越来明确、细化之时，仍有相当的人气，在创作和阅读两个端点上仍然相得益彰，为当下其他文学形式所鲜见。究其原因，除了她轻巧的文本样式，灵动的文学情致，雅致的文化情怀，摇曳的文体风格之外，我以为，这个文学宝库中，屹立着若许的文学

❶ 此处将散文比喻为文学精灵，赋予了散文灵动的美感，同时对散文的文学地位再次予以强调。

❷ 此处用丰富生动的语言，奇妙的想象，将散文和文学的关系展示出来，为文章增添不少情趣。

精品，众多的文本经典，成就了这一文学形式有如高山大原般的风景。① 这些出自不同时期、有着不同风格的佳作，如同厚实的基石，构成了散文文本的经典性，妆成了散文世界的斑斓景观，也形成了散文这株文学常青树，其生命葳蕤、枝繁叶茂的一个原因。

于是，在浩繁而几近泛滥的散文选本中，人民日报出版社郑重地推出一套"中国百年散文典藏书系"，以七个不同的专题，收纳了400余篇、200余位作家的佳作，让我们从气势和规模上，感受到泱泱中华散文王国里，草长莺飞，洋洋大观；这条文学的山阴道上，目迷五色，气象万千。② 散文的选题，是开阔而多彩的，散文的写作手法，是开放而不拘泥的，散文的语言，是多彩而个性独特的，于是，我们可以从这数百篇佳作中，体味到散文文本的经典气象，领悟到不同的人生内容，其包罗万象，妖娆多姿，其情怀悠悠，风致卓然，让散文成为文学对社会人生最优雅和真实的表现。也可以从这个选本中读到，在文学王国里，那些亲情、友情、恋情，这事关人生普通情感的诸多题旨，其丰厚的内涵和感人的情怀；也可从中体会到大千世界、浮世人生，所持守的人类基本情感和人生的原初情怀；我们还可以看到，这些人情世情，自然人文，如何在大家们的笔下，有如许的精微，如许的

❶ 此处彰显出作者想象的奇妙，用传神的比喻来为读者呈现出散文与众多文本经典之间密切的联系。

❷ 此处运用排比句式将散文的选题、写作手法、语言的特点一一进行阐释，进而引起下文对散文总体呈现出的经典印象的描述。

热烈，也有如许的透彻。① 当然，那些高情大义，普世情怀，那些相濡以沫，危难与共，或者那些相忘于江湖，君子之交等，不同的情与义，相同的人情与友爱等话题，在众多的作品中，有充分的展现和精彩的描绘，让阅读产生共鸣应和。当然，作为时下丰富而快捷地展示社会人生，书写时代精神与个人情怀的散文，在更广阔的视野上关注现实，展示民生，描写精神，丛书选题也相应地以城市、乡村、自然、哲理等不同部分划分，有的甚至是相同的题旨下选同题文章，更有一种特别的意义。自近代以降，散文大家英雄辈出，数代人在不同的时空中，共同书写相同的题旨内容，它们被纳入其中，这虽是编辑的巧妇之作，却权当一次穿越性的文学同题竞技，其意义也独特，让读者诸君从这些同题目或同题材的展示中，更为深透地理解散文对于人生情感和自然人文别有情致的书写。同时，也可以体现出不同作家们的功力与魅力。② 无论是老者，那些 20 世纪初年驰骋文坛的泰斗宿将，还是后来者，那些晚出几十年后才活跃文场的新晋后生，他们对于社会人生的感受，人各有异，着眼点不一，却能够在不同的背景上展示出自我，展现一个人独有的文学世界、一个人特殊的心路情怀。这种老与新、传统与现代，互为交集的文学景象，是很有意义的。尤其

❶ 此处运用排比句式，将不同的话题进行列举，增强感染力。

❷ 此处通过文坛老者与后来作家之间的不同之处进行对比，起到承上启下的作用。

① 此处运用排比句式，将散文所描写内容的包罗万象、多姿多彩展示出来。

② 此处运用"如是""或许""或者"几个词，将读者可能出现的心态呈现出来。

是当下的一些作品，体现了对现实人生的文学表达。<u>①作家们倾力倾情地写出心中的自然，写出变化的城市与乡村，写出现代文明下的精神轨迹，包括种种认同与抗拒，寻找和皈依等</u>，无论是正面的书写，还是质询与期待，出于人生的一种大爱，出于对社会人文、自然生态等的敬畏与尊重，在多姿多彩的散文世界里，其实就是打造了一个集合型的文学的人文精神，书写出一个整体性的人生世界。

对散文的经典性认定，没有明确的标尺，但读文相类于识人，大体是雅致、清丽，有品位，有情味，方为大雅上品。②如是，这套书放在你面前，你可从容地品评；或许，你从这众多佳作中，看到了编辑们的心血；或者，你读它们，有了一次关于散文的有意味的文学之旅，那就够了。对于散文来说，丰富了我们的生活，增加了人生的某种见识，得到了文学的快乐，甚至也引发出阅读后的感悟，找到了某些共鸣，增加了对文学的热情和信心。如是，编者万幸，文学也有幸。

文学的经典，可以是恒定的，但有时也是一个活的流体，或者，它是在不断地开掘和发现中阐释其特殊的意义的。

延伸思考

1. 本文认为散文枝繁叶茂成为文学常青树的原因是什么？

_____

_____

2. 本文为什么将散文比喻为精灵？

_____

_____

天台诗魂

名师导读 ▶

　　王必胜的散文对环境进行描写刻画，烘托渲染出让读者身临其境的氛围。除此之外，本文还运用了对比，在平淡朴实的语境下润物无声地进行烘托，起到欲扬先抑的效果。

　　天台有山，有寺庙，也有诗与文学写就的历史。

　　仲春四月，一个静寂之夜，我们从浙东名胜寒山湖下来到国清寺听方丈说教。^①这个年轻的出家人，对文学颇有热情，或出于本能也有所戒备，一个多小时的喝茶闲聊，说文谈佛，之后，我们收获了一本寺中印制的《寒山子诗集》。

❶ 此处"出于本能也有所戒备"以反常的行为充分引起读者好奇，也是为下文内容做铺垫。

　　回来数日后某天，拿出这本古雅的线装书，在上面顺手写了几句：癸巳年春，某晚在天台国清寺，与方丈吃茶并得此书，也于当日上午去寒山子隐居处明岩造访。虽有山门式的建筑，多为现代格局之貌，有数个遗迹称之，而其地空留圣迹。却见风光清秀，有巨洞也有独石峙立，直插云天。① 洞内泉水细涌，蝙蝠翻飞，幽深森然。天气晴美，阳光穿石入洞，青苔绿枝染上生机，有丝线状水滴从上挂下，飘然有禅意。寻觅僧人遗迹未果，却悠悠然游于山中。山门前盈盈一水溪流，或可见游鱼浮芷，杂花繁茂，绿树茵茵，四月天气春和中，人与景尽得优雅。问仙寻道，再读僧人诗书，更有一番滋味。

是啊，那个史上流传广远的诗僧寒山子曾隐遁于此，创作有百余篇诗，在民间广为传诵。② 这个从远处看几乎没有什么奇景异象的山中，唐朝一代诗僧隐居多年。这山名龙背山，岩洞名明岩又叫寒岩，山的另一阳面处也有一洞叫阳岩。龙背山在浙东名山中并不知名，不太巍峨的山峰凸现在田畴阡陌处，逶迤如龙身，故名之。迹近平常山水的景致，因为诗僧隐身处而吸引来访者众，恰是应了山不在高，有仙则名之说。遥想当年唐朝兴盛之时，出身于官宦却遁入空门的寒山子，漂泊乞食，从长安远行到了天台的国清寺，与在此当厨子的另一小僧拾得相识，都是卑微人士，两小无隙，心气相求，成为至交。在修行之余，写有

❶ 此处对环境描写细致优美，充满了意境，给人以身临其境的美感。

❷ 此处以平淡的话语，陈述出唐朝诗僧隐居的史实，让平淡无奇的山充满了神秘色彩。

数百诗篇，留下了被称为"活在口中的白话诗"。也因行为率真不乏怪异，游荡于七十多里远的龙背山寒岩中面壁苦修。后来，因苏州的寒山寺用其名号，而僧名远胜于诗名。也正是寒山子与拾得二僧的诗风相近，其俚语白话，说人间辛苦，道处世真谛。也有哲理深透的时事诗。比如其诗句"国以人为本"，耐人咀嚼。其诗曰：①"国以人为本，犹如树因地。地厚树扶疏，地薄树憔悴。不得露其根，枝枯子先坠。决陂以取鱼，是取一期利。"有人曾评价说，寒山子诗"讥讽时态，毫不容情""劝善诫恶，富于哲理""俚语俱趣，拙语俱巧，耐人寻味"。当年胡适曾称之为，中国"佛教中的白话诗人"。寒山子与拾得常在一起切磋诗文，而民间中盛传二人的友谊和对于心性的修为，颇为后世景仰。清朝皇帝雍正甚至把他们封为"和合二圣"，视为百姓礼拜的婚姻爱神。

②或许生不逢时，与他几乎同时代的有大诗人无数，就李白与杜甫而言足以让诗僧的光芒遮掩。也许是因为这个原因，诗僧的作品，除了民间流传外，少为史载。据研究者称，他生前寂寂无闻，身后却声名日隆，并绵延千年——白居易、王安石都写过仿拟他诗集的诗篇；苏轼、黄庭坚、陆游等对他的诗褒奖有加。有趣的是，寒山子没有正式进入寺庙剃度，唐时苏州

❶ 此处引用诗歌，形象的比喻既增加了文章的可读性，同时将诗僧的风骨及其作品内涵展示给读者，增强信服力。

❷ 此处以李白、杜甫等千古诗人与诗僧形成鲜明对比，欲扬先抑。

城外的一座寺庙（寒山寺）却以他的号命名。他的诗歌的最早传播者是道士，唐人的志怪小说就把他编为成仙的道士下凡。宋时，他却被佛家公认为文殊菩萨再世。元代，他的诗流传到朝鲜和日本。明代，他的诗收入《全唐诗》中，被正统文化认可。近来，法国、日本陆续出版了寒山子诗集。20世纪60年代美国的"嬉皮士运动"人士曾热衷于他的诗作。<u>①这样一个传奇人物，却连真实姓名也没留下。</u>

　　此时，读着寒山子的诗，忍俊不禁，也百感交集。那些嬉笑怒骂皆成文字的诗风，那些看透红尘洞悉世事的明敏，那些与大地草木与自然农事相谐相和、精气饱满的文字，那些不做作不矫饰不欺世也不自欺的诗句，竟是一个浪迹尘世的僧者所作，让我们吟哦再三而感叹莫名。是啊，几百年前，一个淡泊红尘的诗人，一个修行坐禅者，就能把诗心植根于民间，汲取口语俚话、民间营养，写疾苦文字，写人间丑与美，把诗艺更为广泛地传播到了民间大众中。与草木为伍，与大自然同乐，芒鞋竹杖、素衣淡食、坚持经年的修行者，其诗有了一个坚实的依托，那就是现实情感与民间情怀，为此，后人也有以其诗风来创作"寒山体"，承续其诗韵文脉。<u>②而纵观泱泱中华诗坛发展于今，与之相匹者又有几何？</u>

❶ 此处，以"传奇"对应前文不同时代对寒山子诗歌的肯定，但笔锋一转，轻描淡写地陈述出"连真实姓名也没留下"的事实，形成强烈的对比。

❷ 此处以反问的方式进行强调和增强情感渲染，表达了对寒山子诗作的肯定之情。

天台有名刹国清寺，这个建于隋朝的古寺，成就了一代禅宗的祖庭位置，而寒山子的诗，以及他与拾得"和合"的故事，也让天台文化有了新的内容和境界，这既是文学史的，也通世道人心。① 诗，是人生的艺术花朵，诗的灵魂，是一个写作者心智的书写与表达，也是一派风格得以流传的内因。

❶ 此处将诗比喻为艺术花朵，充分运用精美的想象表达了作者对"诗"由外及内的感受和理解。

延伸思考

1. 本文为什么认为寒山子是一个传奇人物？

_____

_____

2. 本文所指的"寒山体"诗风是怎样的？

_____

_____

"菩提"林清玄

名师导读

　　王必胜的散文用词精巧，善用排比，信手拈来地引经据典展现出其深厚的文学功底，以真情实感附着于文字之中，在平淡中实现情感的升华。

　　那天，冬日的一个黄昏，冷风并不太让人讨厌。计划中，到京城东四的一溜小书摊上随便翻翻，久违了的逛书店乐趣，眼前花花绿绿的书，让我们好一阵流连。①寻书，访书，俗称淘书，一个淘字写尽寻书者心急，读书人找寻之苦。

　　可不是吗，满眼的粉红淡绿，满摊的靓女美人照，真不知从何翻起。②书摊上，才子们恃才傲物，才女们浓情蜜意，写家们天马行空，还有纯为稻粱谋者的

❶ 此处，作者用词精巧，从"寻""访"到"淘"，层层递进，传神地表达了寻书者的心情。

❷ 此处以排比手法将书摊上各类书籍假以分类，表达了想寻找一本独特书的难"淘"。

胡编乱造令人目不暇接，也好生厌烦。找一本像模像样的书变得十分困难了，你说。我们不甘心，走了一家又一家，终不免悻悻然徒手而返。不知怎的，聊起了我们喜欢的作家，说起了正在流行的随笔和散文，你推荐了一本"高人"写的散文。你说，读他谈禅说佛的美文真是一个享受。于是我们有了林清玄话题。

海峡那边我的同胞同龄人林清玄，大凡散文爱好者并不陌生，早在三年前作家出版社出版了他的"菩提散文系列"，皇皇几大本，很是畅销。读这些书的名字就能感悟到作家的意趣所在：①《紫色菩提》《如意菩提》《清凉菩提》《星月菩提》《拈花菩提》。最近，浙江文艺出版社出版了《林清玄散文》。在这些作品中，作家抒写童年、故乡，写友人、亲情，写自然、社会和人生，尤其是以独特的感受描绘了禅宗佛学与当代人生的关联。他的作品中现实世俗的此岸性与艺术追求的彼岸性，和谐地交融一体，给当前散文创作带来一股雅致高妙之气。你说，这些作品表现了生活中流动的美妙禅意，是作家以尊贵的觉悟和上品的智慧，写人生的感受，有华美高端之气，有烟火尘世之味，获得这种感受是其他的阅读所不多见的，也是要用心思的，细细品味，也触发了我的阅读兴趣。

这是不长的文字，是精致的小品文和美文。②读

❶ 此处罗列书籍名字，每本都有"菩提"二字，恰好印证了上文的"菩提散文系列"，恰到好处地展现出作家与书摊文学的不同。

❷ 此处以品读作品所感受到的心境，层次分明地将情感与感悟进行升华和递进。

着这些"菩提"系列的作品，我们不经意地进入一个禅与艺术的世界里，这是一个心灵与性情碰撞、世情与人心交织、理想与梦境相生相依的世界，这是一个燃烧着情感烈火与绽开着精神花朵的生命高地，是作家从世俗生活中获取的形而上的思索，是对生命的深切体悟和精神的崇高皈依的艺术提升。

菩提是佛教的梵语，意为断绝世俗烦恼、获得解脱的智慧和觉悟。① 林清玄把菩提意象引入为作品的主题，他是在世俗化的人生中表现灵性的优雅和精神的觉悟，他用智慧的灵性光耀书写，他阐释人生的困惑和世俗的平庸以及精神的高贵等，直逼当下人生的心灵状态。尤其是在现代大都市的工业文明中，物质的张扬，文化的昌明，现代化的浮躁与困顿，滋生了不可言说的文明病。林清玄正是从这个文明时代的文化精神落差里，看到了精神情感形而上提炼的重要。读"菩提"们，我觉得心灵这个缥缈的东西有了一个切实的依附。我们习以为常的被叫作精神和境界的某种形而上的感受，有了一种具象的体味。进入现代文明，人们面对后工业化社会的物欲膨胀与信仰的缺失，面对客观世俗的流弊和主观超验的短视，人类如何发展自己，守望精神，心理平和与洁净，从作家的这些系列作品，或许得到一些启迪。

❶ 此处通过对林清玄作品的解读，从不同于世俗人生的精神觉悟以及对当下人生的心灵状态的揭示，展示出他是特立独行的"高人"。

❶ 作者如数家珍地对林清玄作品进行介绍，表现出对林清玄作品发自内心的喜爱之情。

❷ 此处的反问，用"我们"的愚钝来反衬出林清玄作品渗透的禅的精神元素的智慧，表现出对其作品的崇敬之情。

读林清玄，对我们阅读是一个挑战，大量粗鄙流俗的东西充斥出版物，人们目迷五色的时候，没有神定气清，没有心闲安适，难以走进林氏的艺术创造。①他的《黄昏菩提》中，如何以幽雅的情绪来迎接生命的喧哗而宁静；他的《吾心似秋月》中，如何以禅心的圣洁来看取人间的一切喜乐，承接苦难，洞明世事几达化境；在他的《清欢》中讲求心灵的品位，体味生命之程中的崇高；他的《清净之莲》中，柔软高洁而阔如海天的心灵与智慧，有如莲之珍品，又为觉悟世事、感知生命和善待人生的行为圭臬；还有，如《心无片瓦》《家家有明月清风》《有情十二帖》《温一壶月光下酒》《四随》等（当然，林清玄还有不少写得十分精美的记人思故的散文和对艺术的评论），②对我们凡夫俗子，这些渗透着禅的精神元素的智者之思，我们的粗疏和愚钝能够体味吗？你说，读林清玄也是一种精神的检验，他对生活的执着对信念的韧性，对生命情怀的热诚和智者的自信，是对阅读者智力的考测。斯言诚哉。当然，我们没有林清玄那份投入的禅心，没有作家那份关爱生活和人世的艺术智慧，我们只能说，他那颗博爱的美好的禅意佛心，如惠风和畅，顿开我们芸芸众生的愚顽之心，也可医治那浮躁流俗的心，使我们一步步地走近了人生的本真。

你要我把这写出来，这是向我们所喜欢的作家行最认真虔诚的敬意。这匆匆急就的短章，对于曾经荣获中国台湾 20 世纪 90 年代十大畅销作家第二名的林清玄，并没有多少意义，无非是想表示一个或者一些林清玄的崇拜者们的善心而已。① 忘不了，多年来，林清玄那闪烁智慧之光、哲思之光，佛道禅意的精神元素的文本，是文坛上的奇葩异花。他的文字如同一株文学菩提，散发着禅意和佛心。也忘不了，我们那份苦苦寻觅后的一腔情怀和满心的收获。

① 此处用"奇葩异花"做比喻，表现出林清玄作品的文学之美。

延伸思考

1. 本文中的"菩提"系列作品，描述的是一个怎样的世界？

2. 本文对林清玄把菩提意象引入为作品的主题是如何看待的？

第三辑　这也是一种生活

时间，是无形侠，来无影去无踪，如风，像气，或者，是形而下又形而上。她与人类无时不在地交集，与自然不无关联地影响，在与我们每天的把盏交臂中，默然地出现，又悄然地流逝。

作家带你练

【2011年福建漳州普通高中毕业班质量检查卷】

阅读下面的文章，完成下列小题。（15分）

婺源看村

①金秋时节，有幸在江西，看婺源这富有特色和内涵的文化村落。

②出上饶县城即见幢幢民居，绿树掩映。村头曲水环绕，水车、老樟树、石桥、洗衣女，一派幽静恬然的田园风光。有诗为证："古树高低屋，斜阳远近山。林梢烟似带，村外水如环。"向车窗外看去，婺源的一个个村子，仿佛是漂游在绿色大海中的一叶叶白帆，也如一幅幅泼墨山水。

③婺源的村落建筑多属徽派风格，建筑特点是依山傍水，白粉墙黛青瓦，檐斗高翘状如马头。据介绍，婺源民居主要看"三件宝"即石雕、木雕、砖雕。

④我们先后到江湾、晓起、思溪、延村、思口等村，尽赏婺源

村庄的不同内涵。

⑤江湾在婺源是一个大村。进得村头，牌楼拱立气势逼人，商贩林立，感觉不像一个村，而是一个镇。可深入民宅，走进青石路的小巷，房屋回环往复，小径通幽，方知老屋旧宅气息森然。大户人家的房子高古雅致，二层二进。后屋多有天井，并置一大水缸，据说缸与老屋同寿，水经年不换，寓示家道绵长，香火不断。有一家老缸年已过百，缸沿上色重如漆，绿苔依依，水却清亮鉴人，轻轻抚摩，颇觉神奇。江湾村历史上出了多个名人，有经学家、教育家、佛学家等。晓起村建于唐乾符年间，规模虽不大，村名却有来由，当年村上的应考者闻鸡起舞，破晓即起，为之"晓起"。晓起全村为古樟树环抱，树木葳蕤，溪水清流，极显人丁强旺。而村后的那棵老樟树，是老者中的树精，有如人瑞，它的周围用竹木拦起了篱笆而加以特护。而延村，虽稍晚于江湾、晓起，建于宋元丰年间，距今也有930多年，千年沧桑，老而弥坚。

⑥山水灵秀的婺源，植物群落丰茂，木柴、茶叶、山货，连同石雕艺术，成了人们早期经商活动的内容。他们北上西行，加入了徽商队伍；他们赚钱而归，建房盖屋，修路架桥。或者读书致仕，荣归故里，留下了一件件精美的民间艺术。于是，民宅、官邸都讲究雕梁画栋，稍好者雕砖，再好者刻木，更好者凿石。于是，一件件一桩桩，或粗或细、或文或野的雕刻，在一些相同的名字比如"余庆""聪听""笃经"等民宅中，保存下来，成为散落于民间的艺术瑰宝。延村的古建筑群最大，有56幢民居为明清时所建，其中"余

庆堂"的雕刻，既有古典中式的福禄寿图，又有西洋的材质，以及百叶窗式样，主人曾留学海外，带回了西方文化的别样风格。思溪也是建于宋庆元五年（1199年），村中俞氏房屋宽大，木雕精美多样，最为突出的是，客厅隔扇门上，阳刻了96个不同字体的"寿"字，连同屋内其他处的四寿，组成精美的"百寿图"，为木雕艺术的绝世精品。

⑦当然，还有人文传统，文风鼎盛，这是撑起婺源村落的灵魂。有俚诗赞曰："山间茅屋书声响，放下扁担考一场。"读书传家是这里村上的传统。不用说理学大家朱熹从这里走出去，也不用说仅一个理坑村历史上曾出了余氏兄弟尚书二人，其著作5种78卷入选《四库全书》，也不用说老宅处处可见进士第、尚书第、司马第、天官上卿等匾额，读书习文，维系了人脉，也赓续了文脉，更主要的是，小小的偏乡僻壤成为一个世人瞩目极富人脉和文气传统的"世上遗存"。

⑧今天，婺源人搞生态游，打文化传统牌，注重了旅游与开发，保持了传统与发展文化的关系，可是，在汹涌的时尚文化、纷至沓来的游客面前，古朴和清幽被浮躁和喧哗侵扰之后，传统文化、优美的乡村，如何应对，如何在现代文明面前既持守又发展，是一个新课题。

（选自2005年12月6日《人民日报·海外版》有删改）

1. 下面对作品有关内容的分析和概括，正确的两项是（　　　）（5分）

A. 文章第②段引用诗句为证，用以体现婺源曲水环绕、幽静恬然的自然风光和颇具人文传统的乡村特征。

B. 第③段对婺源的村落建筑的描述，既照应开头"富有特色和内涵"的说法，又对上文进行了小结。

C. 因为婺源有民间艺术瑰宝"三雕"，当地人以此作为早期北上西行经商活动的内容，并促进了当地经济的发展。

D. 延村"余庆堂"的雕刻，既有古典中式的福禄寿图，又有西洋的材质及百叶窗式样，体现了中西建筑文化的交融。

E. 作者列举婺源"读书传家"的史实，又写到其"世上遗存"的现状，表明了人文传统，文风鼎盛是婺源的灵魂。

2. 第⑤自然段是怎样描述江湾村和晓起村的？有什么效果？请选择一个角度作简要分析。（4分）

_____

_____

3. 结合文本，请你说说作者在作品中所蕴含的思想情感。（6分）

_____

_____

低碳与我们

名师导读 ▶

　　王必胜的散文善于运用反讽、反问等手法。本文以大量的生活细节来举例，以贴近生活的事实来引起读者共鸣，启发读者思考。

❶ 此处以反讽的方式，表达了作者对"低碳"不能流于形式，而应落地到真切实在的行动的立场。

　　都在说我们要低碳生活、零排放、节能减排等。不知何时，这些有点陌生的词语，成了流行语。明白不明白的人，有意无意地在说这个词。❶生怕我们不低碳，而对别人不好，对自己不好；生怕不低碳，我们成了反面角色。当然，也有一些低碳的行动者，或者说，是这些环保志士，默默地、真真切切地在那里做着有益、有效的事。

问题是，我们往往都是着眼宏大，大而化之地关注了；或者，多是说在嘴上而并没有落实；或者，多是①"事不关己，高高挂起"，看别人环保低碳，而自己则是一种懒散的习气、官僚作风，让本可以低碳的，变成了浪费，本来可以做得到的却不去做。

这不，即使阳春三月，外面风和日丽，而办公室里、单位走廊，空气燥热，达 29 度之高，而且，多次问及单位有关部门，能不能把暖气阀门关上，根据室内温度调节一下，让我们不至于那样热燥，都有点难受了。几度问询，一环环去找，答不行，就这样子地设定了。大的开关没有人说去关，小的也没有人来管。②被高热的我们，只好一面是暖气，一面是吹空调。如没有记错，这样子的经历，就在今春四月来之前凡数天。有几次去商场也热得单衣薄衫还汗流浃背。这样子的高碳不节能，这样子人为的春天里的夏天温度，没有人算账，消耗了能源，排放了废气，什么的，与己无关，成本如何，没有人知。有时候，气恼地想，这要是他们家，绝不是这样的。

其实，这环保、低碳的事，与我们的关联，比比皆是。③办公用的笔墨纸张，无数的复印纸，有用没用地复

❶ 此处引用俗语，生动形象地让读者理解没有落实到实处的"低碳"是一种什么样的情形。

❷ 此处运用身边实例，以生活化、场景化的描写来增强例子的真实性和可信度。

❸ 此处充分运用生活中实实在在的小细节提出反问，发人深省，引起读者思考。

印，一大张几个字，浪费耗能的账，又有谁去算过？单位发放的一些书籍，也有不少成套的，每年都有几次，美其名曰是学习，可是，领来后，又有几人问津？多是往那儿一扔，没开封就当废品回收。当然，也有人翻看了，不是内容多重复，小报抄大报，下级抄上级，就是多为报纸杂志上的文章汇编。这类假冠冕堂皇之名而行浪费和不环保之事，时下泛滥有加。还有，现在通行写字笔，方便是方便了，可是，那笔没有笔帽用不了多久就干巴，不出水，有时写着写着就着急上火的。我抽屉里有数十支这样的笔。有的是单位领来的，有的是会议上发的，多是用不了一两次，出不了水只得换笔芯。扔了可惜，再用更浪费，干脆就搁置为废物。其实，这种不用手上下按，因为没有笔帽密封，一旦干涩不出水，只能换芯才可用的笔，设计是有大问题的。可是，这样的笔还在生产，还在各单位里分发。有没有明白人，能不能改进一下，或者，这种笔不要在干燥的北方销售。小小的事，很少从节约方面考虑，从适用性方面着想。办公室的不低碳，最为严重。^①说到底，是不是管理体制上的弊病？

还有，在聚会中，人们时兴送名片，多年不衰，现在是名片越做越讲究，名头越来越敢写。有一次，一位朋友申明他没有名片，也不喜欢名片，说为了环保，为

❶ 此处以"低碳"实例，引申到管理体制上的弊病，是从现象触及本质问题。

了节约，倡议大家不用名片。他说，用一小纸片写个电话，或者，把电话记在手机上，不也行吗！事后，有人说，这是环保人士的惯用方式。① 名片，浪费又不环保，这是他的话。听他一说，本来不爱用名片的我，更不大愿意用名片这东西了。一次到某单位去，正好遇见他们搬办公室，看到那么多的名片，散落在地，像大街上的小广告一样的遭遇，真不是个滋味。听说，那位朋友还多次写文章说，为了环保，能不能弃用名片。这个提议是有价值的。可是，好像没有多大的效果。我曾与他开玩笑，最好有个代表或委员在全国"两会"上提个议案，效果可能就好些。② 不知这个说法有没有人应和？

　　低碳是为了节约，减少成本，为了生活得更有质量。我们得多想点法子。大的环保之举，大的低碳行为，以一己之力，可能难以为之。可是，身边的事，举手之劳，从小事做起，或者，为了我们自己的生活质量，科学发展观的落实，改变你的陋习。你认真地做了，你主动地做了，定会是有益的。③ 何况，集腋成裘，聚沙成塔，为了这个资源日益受损和缺少的地球，人啊，当扪心自问，我们低碳了吗？

❶ 此处，作者引用他人的案例，以第三者的观点对自己所秉持的观点加以论证，增强说服力。

❷ 作者此处的提问是无声胜有声，因为前文已提出是"开玩笑"，自然是不会有回答的，其中也透露着些许无奈。

❸ 此处以疑问句结尾，呼应前文，表明自身观点立场，同时引起读者思考。

延伸思考

1. 本文为什么要用大量举例？

_____

_____

2. 本文写低碳，为什么又对管理体制进行针砭？

_____

_____

电脑苦乐

　　王必胜的散文除了善于运用比喻、拟人等修辞，文章语言还颇具诙谐幽默，调动读者的兴趣，充分吸引读者阅读。

---

　　① 如今的电脑像一个幽灵，弄得现代人好生不安。不知从何时起，它好像成了大众情人，宣传媒体上的广告，朋友间的聊天，电脑几乎是中心话题。舞文弄墨的，家有小孩的，单位公司的，没有不在添置或准备添置那玩意儿的。② 那个高科技的东西，放在那里是一堆死物件，一旦同它暧昧上，真是个可人的小精灵，酸甜苦辣，叫你回味无穷。

　　三年前，赶了个时髦，买回一台电脑。我本不才，

❶ 此处将电脑形容为"幽灵"，表现出作者对它的不认同。

❷ 此处用诙谐幽默的语调，将电脑与人的关系形容得惟妙惟肖。

① 此处用拟人的修辞手法，表现出作者初次使用电脑时的忐忑不安。

② 此处简短的四个字，表现出作者初次使用电脑时的新奇和学习心态。

对带电的玩意儿本能的谨慎，平生安个灯泡什么的还凑合。① 所以当这并不是急需的"贵族"请回来时，生怕有个三长两短，听人说错按一个键，搞不好会吃掉里面指挥中枢系统，更是未敢造次。咨询了先行者，听了些鼓励的话，又想到，既然附庸风雅，不能纯粹当个摆设吧！不能总如此笨下去吧。

② 无知者勇。买回的当天就按说明书一番捣鼓连线，那家伙还算通人性，七弄八弄的，就出来一排排清爽的汉字，比用手写的漂亮多了，码得整齐有序的，心想那玩意儿不过如此。有何难哉。难何其哉，捧着刚买的什么《电脑入门》《电脑普及》《电脑初学者》等，按图索骥，这样那样的几本电脑书，当成必修课，边学边干，边干边学，于是就开始了老生的"电脑写作的新时期"。

真正是入门易，深造难，我这还没有入门，就有点犯难。第一篇文章千来字，我敲打了十多个小时，因先入为主。听朋友说，五笔字型最好，错码率少，速度也快，就接受建议打五笔，没想到找字拆字的费劲，真不是人干的活儿。你要对笔顺清楚，平时里用笔写字，横撇竖捺，可以自行其是，缺胳膊少腿的，随心所欲无所谓，可是电脑是讲科学的，动不动纠正你的笔误，还经常罢工。幸亏没有人知道，要不有了那么多的"倒笔"，令人无地自容。最要命的是，你要拆字，先偏旁部首，前后顺序，再去找键盘上的键，找来找去的，记住了键的位置，又忘了你要找的是什么字了；字找到了，又忘了你下一句要写什么；再找，一切又重新开始。① "多情反被无情恼"，事倍功半，翻来覆去的，那些个字像很有情绪似的不配合，心想，这家伙实在难侍候，信心也受挫。曾想用见效快的汉拼来解救，试了试，只因南方人拼音也蹩脚，声韵母大都不准，只好再坚定不移地五笔下去。苦中也有乐。一篇小文章，虽用去两个整天的时间，打印出来，甚是好看，拆了近千字，好像找到了点感觉，辛苦中有了回报，更添了兴趣。及至，再打下去，柳暗花明，情有独钟，再也不想倒回去用笔写东西了。

②自忖这才是进入了深造阶段。于是，当务之急是解决盲打的问题，因为要想快而准，就得盲打，脱开"一指禅"和老是盯着键盘的毛病。一次翻电脑教材，有指法练习的内容，自己拿来试试，用了近一周的晚上时间，不厌其烦地反反复复，很有效果，③先是把手指练到位，再按先后顺序，把各个指头的功能一一吃准。最不好侍候的是两个小拇指，僵硬得像冰冻了似的，一下子不愿配合，后来慢慢地调教，除了数字键有点不灵便外，基本上没有问题。能够像录入小姐们一样地，走键如飞，那个感觉真应了一个时髦的词，好爽。终于可以盲打了，那时候，再回头看自己的手，好像

❶ 此处引用俗语，将学习使用电脑的困难生动形象地表达出来。

❷ 此处用词精妙，一个"深造"，便精简扼要地将使用电脑的阶段和状态展示出来。

❸ 此处作者通过自身体会，以拟人化的手法描述出练习五笔打字型的过程。

① 此处作者以思维和打字熟练度作对比，衬托出自己学会五笔打字后的轻松惬意。

不是自己的一样，这种惬意，是没有这种体会的人难以体会的。到后来，再巩固些时，自己有意测试了一下，小时内 2000 字是很轻松的。① 当别人问起的时候，我说，现在"短路"的不是手指跟不上，而是思维落后——"笔在意先"。一篇小文章，如果思路通畅，两小时满可完成。

有人说，五笔字型是难学易忘，此话对也不对。难学是因为没有找到规律。常用的汉字就那么些，冷僻字用得频率少，实在记不得就备个字典，或者临时改用一下汉拼，也不耽误事。而真正的有心者，坐下来打好基础，主要是练习指法，学会盲打，才可能达到得心应手的境地。其实，如果量化一下，我以为打五笔的字数达五六万字以后，你就可以不用发愁，常用的字明白了，盲打也会了，就达到了手到擒来之地步，多么美的事。所以，每每与同道们说到电脑，我总是宣传五笔的好处，大家都知道的不重码、速度快等，还有对你的记忆力也是个考验和挑战。对我们写作的人，五笔字型足可以让你得心应手。也许，刚开始叫你心烦意乱的，只要有六七万字的纪录，你就可以完全地进入自由状态。不过，一定要练练盲打，其受用无穷。按大道理，电脑是高新尖的科技，是一门学问，其高深之处莫测之处，是我等之辈非一日之功能弄明白的。^① 于我们写文章的人来说，其实就是个打字机。解放了抄稿留稿之苦，又掩饰了字迹丑陋之弊，还可以解除写字的手累臂酸的病苦，善莫大焉，乐莫大焉。但是，我们放着个万把元的东西，如果不会开发它的功能，不会编程序，不会搞设计，不会做家庭秘书，不会……连内存、PC、打包等电脑名词，都是一知半解的，想来又十分的遗憾。当然，另一块心病是，花掉的钱并没有回本，投入与产出不等值，又不免"小人长戚戚"。

好在，我们能从中证明一下自己，那些高科技的东西，并非就高不可攀的，^② 我们不也玩弄于股掌吗，不是也让它乖乖地服务于自己吗？我们不是也有了现代化的武装吗，如此这般，现代化与我们还远吗？

❶ 此处以打字机来比喻电脑，起到欲扬先抑的效果。

❷ 此处以拟人、反问等修辞手法，表达了作者对未来高科技的信心。

延伸思考

1. 为什么文章开篇，作者用"幽灵"来形容电脑？

_____

_____

2. 为什么对写文章的人来说，电脑就是个打字机？

_____

_____

感觉时间

王必胜的散文善用排比、拟人等修辞手法，引用中西典故和好词佳句信手拈来，充分展示出他深厚的文学功底。

❶ 此处作者自问自答，紧扣主题，起到对"时间"加以强调的作用。

❷ 此处用中西方对时间的不同表达，但殊途同归的一致感受，引起读者共鸣。

①时间是什么？一道无解的题。

平凡俗子，伟人智者，鹤发童颜，饮食男女，都得面对。时间，经常挂在人们口头，却又是弄不明白、说不清楚的东西。②西哲的所谓"一切皆流，无物常驻"人不能两次踏入同一条河流；唐人的光阴者，百代之过客。今人不见古时月，今月曾经照古人的喟叹，现代人坐地日行八万里的描述，等等，都是对时空不同的诠释和追问。

大自然时序更替，生命的生与死，人生成长衰老，日月星辰，花鸟虫鱼，等等，有形和无形，都是时间的产物，也是时间的证明。

①时间，是无形侠，来无影去无踪，如风，像气，或者，是形而下又形而上。她与人类无时不在地交集，与自然不无关联地影响，在与我们每天的把盏交臂中，默然地出现，又悄然地流逝。

时间，也是一首无韵之诗，她咏唱千年，赞美人生，谱写生命之歌。

时间，又如万花筒，让春花烂漫，让大地生彩，让人生开挂，让世事无常。

孩童时代，懵懂无知，不知时间为何物，焉知时间有何益，时间只是陌生的过客，美食和玩伴才是生活的必需。

系红领巾的年代，一撮小辫，几缕短发，喜爱人家说自己懂事，也总爱充大，最体会的是：②明日复明日，明日何其多，明日是我手中的玩具，时间在心里的感觉，一个储量丰富的钱罐，用了还有，没了再添加。

过了青葱时月，或到了不惑之年，徒生华发，方知时间的宝贵。逝去年月里总以为来日方长，时光大把大把，任其从指缝中流走。你这才知往日对时间的奢侈，是多么的孩童心理，甚而有犯罪的感觉。你恨不能有力挽时光倒流之功——飞光，飞光，劝尔一杯酒，挽留时

❶ 此处运用排比句式，在比喻、拟人等修辞手法交融中让文章语言生动优美，让人读来十分畅快淋漓。

❷ 此处将明日比喻为玩具，将时间比喻为储钱罐，表现出孩提时代对时间的懵懂无知。

115

间的匆匆脚步。"此情可待成追忆，只是当时已惘然。"

有人说，人生对时间的认识（掌握）是在他把岁月消耗得差不多的时候。

又有人说，时间如同一个魔方，时间如同一张大网，时间又是一只妖狐。人在这般诱惑和制约下，享受着自己的风景，快意赏心，不是轻而易举的。

❶ 此处运用比喻的修辞手法，将时间的特点生动形象地展示出来。

①时间（岁月）是一把杀猪刀，她的无情和冷漠，考验着人的意志和毅力。

现代人生活在集体热闹中，于是有了聚会，有了联谊，有了各怀期冀的向往；人与人的交往在各个不同的时间中，构成了社会的联系，构成了各种琐琐碎碎的繁杂和无奈。于是，在我们每天的生命流程中，时间是许多收获和收成的明证。

时间也是一个易碎品。一不小心，时间的富翁成了时间的乞儿。

现代人对时间的观念，有时过于精致。时间是可感之物，我们目力所及，我们的手腕上的手表，衣袋里的手机中，她如同一个有形容器，无不在提示人们快步前行。然而，在现代人心中，最为日常的，最能消磨时间而习焉不察的，却是会议。

❷ 此处以时间和会议之间所存在的矛盾，为下文批判"会议文化"做铺垫。

②时间与会议是我们当下人生的一个奇妙风景，也是人生对时间的怠慢，极而言之，是亵渎。

常见这样，几个人商讨点什么，一拨人谈论点什么，单位里计划点什么，都用开会来解决。大会小会，早会晚会，高端层级的，单位行为的，年度计划的，节庆纪念的，不一而足。我就经历过，一周内天天有会，或一天几会。一会单位的头儿说，他一年三百六十天，有半数时间在会上。开会目的不一，开得也蹊跷，开了什么，并不是主要的，开不开、如何开才是重点。为了一个并不成熟的产品，为了一部并没有多大意思的文学作品，或者仅仅是为了一个传达，一个怕被当作不重视，有可能影响日后的晋升，就有一个不大不小的会议产生。① 等因奉此，上行下效，如此的"劳命伤财"（鲁迅说的，浪费别人的时间无异于谋财害命），于是就产生了那么多可有可无的会议，那啼笑皆非的所谓"会议文化"，让你在不知不觉中，成为会议文化的俘虏，成为时间的侏儒。

有人说，那些体量庞大的公职人员，那么多层级单位，不开会又能做什么，汇报，总结，会议，周而复始，是他们的日常。曾有明白者，发文减少文山会海，但愈演愈烈，至少眼下，依然故我，尽管啧有烦言，习惯了也就成了自然。

② 时间无情而有限；时间公正而吝啬。生年不满百，常怀千岁忧；逝者如斯夫，不舍昼夜。古往今来，人

❶ 此处引用鲁迅的话，让"劳命伤财"在此处显得十分合情理，同时用"俘虏""侏儒"等词语简洁地表达了作者对浪费时间的抨击。

❷ 此处对时间的感叹及引用，表达了作者对时间无情的无奈之感。

们对时间的愿望，是美好与善良并存。可是，时间的无情并不顾及人们的感受，哪怕是美好愿望。① 对于肉身凡胎，生命的时间短促，当你还没有回味过来的时候，她已经翻山越岭，遁无所迹。我们都有的感觉——你盘点时间的收成时，出现了透支，由富翁变乞儿易。

① 此处以拟人手法，在"翻山越岭""遁无所迹"等精准的用词中，将时间的匆匆表现得淋漓尽致。

时间是个变数。当你感叹人生有涯，时不我待，去日无多之时，也许时间已经幻化成为你生命中的一个因子。时间的长度，无法用物理尺度来计量。在你充分把握中，无形中延长了她的价值。对于那些先哲、大师、贤才，时间无情中也温情。他们生命的时间并不比常人多，然而，生命的质量，也是时间的质量，却在众多的荣耀赞誉中升华。

② 此处对时间的看法充满了辩证，既雕刻人生也创造生命，同时又销蚀着生命，使时间的认知显得丰满立体。

时间看不见，摸不着，是不可理喻的物质。② 时间雕刻人生，创造着生命，同时也销蚀着生命。无论饮食男女、大家个人、精神物质，她亲和、无私，却也严苛、无情。或者，她像人生保姆，又是恼不得惹不起的敌手。

③ 此处引用高尔基的话，简明扼要、对仗工整地表达了作者对时间的看法。

③所以，高尔基说，世界上最快而又最慢，最长而又最短，最平凡而又最珍贵，最容易被人忽视，而又最令人后悔的就是时间。

时间的钟声响起了，要紧的是，走好人生最关键的几步。

延伸思考

1. 为什么开篇便提出时间是"一道无解的题"？

_____

_____

2 本文中对"会议文化"的态度为什么会认为是"劳命伤财"？

_____

_____

生命与故乡

名师导读

王必胜的散文善于运用排比、拟人、设问等修辞手法，且往往在朴实的词句中饱含着深情，在娓娓道来的不经意中吸引读者，引发读者思考。

出生在原籍老家，呱呱坠地之后，生命就同那块土地，那方水土有着血脉相连了。祖辈都是农民，种田打工之族，到了父辈才有读书的人，到了我辈才有称之为知识分子的职业者，于是同那块衣胞血脉之地既有了不少联系又有了疏离与迷茫。[①] 那黄土地上的春种秋收，那飘散的炊烟，那暮归的牧歌，那块生长过我的希望和幻想的地方，那块孕育过我生命的元素和成分的地母，总在我心中有着不可释然的情怀。

① 此处，运用排比句式，展现出故乡的黄土地、炊烟、牧歌等风景，将"我"对故乡不可释然的强烈情感描述出来。

我的生命本来就属于这块土地，属于这块土地上的一个泥尘。

然而，①生命是躁动的，生长着希望和寻觅。稍长之后，远行的期冀，负笈求学的热望，文化的诱惑，生命的底色上在不断地涂抹着，变幻着。生命被创造出来之后，既有坚执的笃守，又有无定的漂泊，更有苦苦的追寻；一端联结着故乡那方水土，另一端又同现代文明的风景接通。

那是一个无法回避的过程。②由父辈的精血凝结了我，由那方丰腴厚实的地气哺育了我，由淳美质朴的风情民俗和粗粝的文化影响了我，在我心中深深地结实了那生命的原色和那般清纯的情思，又孕育出一种难以割离的感情。那是一个人的生命的原初情怀。

故乡在我的生命中，永远是一个矛盾的存在，一个浮游着的精神泊地。

由父辈们执着地撑起的那方洒过血汗和泪水、耕耘过收获过的天空，由父辈们创造和光大了的那份故土精神，在远行的儿辈们心中，总是一种沉甸甸的存在；故乡，在游子的心中，有一份真诚的神圣。

从母亲的脐带分蘖出来之后，在故乡的摇篮中，浓浓的乡音与母亲的童谣混唱着，③睁开眼睛的世界是弯弯的小河，是炊烟，是柴草垛，是觅食的鸡雏，

❶ 此处，用拟人化的手法，赋予生命"躁动"的情感，"生长"的行为，使读者对"生命"的印象更加鲜明。

❷ 此处运用排比句式，使情感更加浓郁，表达了作者对故乡难以割舍的深厚情感。

❸ 此处运用排比句式，将触眼可及的景色一一列举，朴实而充满生活气息，于平淡中见真情。

是祖母手中的线团；生命发芽的日子里，人生之初，故乡的亲情融入了母亲的乳汁，从此，在你生命的扉页画上一笔厚厚的底色，那是最初的文化包装，奠基了你的生命之根。

当我们从故乡走向远方的时候，我们渴望着新天地的召唤，我们是那样的毅然决然。

我们轻装急行，我们的行囊中，虽然背负着父辈的叮咛，但我们义无反顾。显然，狭小而挤迫的故乡天地，文化的差异，使我们懂得了故乡的贫乏和单调。①我们不能说她的浅薄，但不能不说她的单调；我们不能说她的幼稚，但不能不说她的陈旧和凝固。因而，我们在回望她的时候，我们怀着一种多么复杂的情感啊！我们寻觅精神的家园，我们皈依灵魂的故乡，这并不仅仅是回归过去的出生地。是的，在我们放声啼哭的第一声中，就融进了不同于父辈们的期冀和找寻。我们的身躯从故乡走来，我们生命的源头在故乡，可是，我们的精神在与故乡的依恋与逃离中，在难以割舍与大胆寻找中，寻觅着，期望着新的洗礼。

这的确是一个无法回避的存在。我们与生命的故乡有着血肉亲情般的联系，我们曾经有亲人埋在那方土地上，我们在各种社会场合中无不流露出对故乡或老家的炫耀，流露出"天下故乡数敝乡"的自豪，②然而，究

❶ 此处对故乡的不满，是欲扬先抑，也是辩证客观地看待故乡，这种即使知晓她的缺点仍寻觅她的复杂情感才是真正的热爱。

❷ 此处的设问，是对"我们"与故乡之间的联系进行深度叩问，对下文挖掘故乡的情怀做铺垫。

竟我们的灵魂同故乡有多大的联系呢，有多少的精神契合呢？仅仅是因为那块赐我以生命，养我以膏腴，就以我是故乡之子来要求故乡接纳，虔诚地成为故乡的捍卫者吗？在这种炫耀中有多少伪善的成分，有多少矫情和虚妄。每当有人提到这个话题的时候，我多是持有怀疑的目光。因为，在我们对故乡的怀念和炫耀中，我们的故乡情结，有多少真诚和真情在？如果我们的眼光仅仅盯着故乡那名胜和风光，那名人和物产，这并不是故乡所需要的。

宽大为怀，厚德载物，故乡的情怀也不容亵玩。

对于故乡，我属于不肖子孙。我不愿意在人前伪善地炫耀自己故乡的可爱，尽管那里曾是楚文化的发祥地，有过三国征战的遗迹；也不是因为在故乡那里没有了我的至亲，还有我的一生有过多处的流浪；也不是故乡在我童年时代并没有壮实我的身子，我至今记得那孩提时的艰辛与饥饿。[①] 我固执地认为，故乡情结应该是自己心中的私人化的一片风景，是一种精神的勾连；如同一支悠长绵邈的回旋曲，一个人静静地享受和回味。当你在都市的文化风景中，在充分的物质化的场景下，你难得有静心与故乡情感沟通，用你的文化自负——精神优越的偏执，去说故乡的往事，说故乡的风景，这不啻对自己神圣情感的一种亵渎。

❶ 作者的"固执"一词，斩钉截铁地表达了自己的观点和立场，直抒胸臆。

❶ 作者用在大都市对故乡的向往，提出疑问，是对上文认为故乡情结应该是自己私人化的一片风景这个"固执"观点的强调。

❷ 此处使用"我们"而不单单是"我"来说明人们所具有的故乡情怀的共性。

① 在大都市置身每天喧嚣的日子里，我们向往故乡的那村头的柳荫，我们怀念故乡池塘的荷花清香，可是，我们的这种情感又不能不让人起疑，是不是生活的点缀和情感的浮躁后，寻找的一种平衡？

故乡是无法诠释的辞目。

其实，用现代的解读法，故乡既是一个特定的地理方位，又是一个抽象的精神的无定所。在我们所谓的家园的寻找中，我们从当代文化的种种精神现象中，剥离了故乡和家园的真实存在，追求向往的是一个虚拟物，一个文化的生存空间。② 这是因为，我们生活在需要安抚和慰藉的时代。我们的生命在热闹和躁动中，寻找寄托之处。我们的文化现状造就和培植了寻找的主题和漂泊的精神。我们面对着今天，令人兴奋又不尽如人意的竞争和创造，我们怀想往昔，追念亲情，回望真诚；我们视这一切是生命的必然，也视这一切是故乡的给予和馈赠。

我们的故乡情感实际上是现代人的一种生命过程，或者可以看作一种精神的源头的对接。

这文明时代欲说还休的故乡情怀！

延伸思考

1. 本文中的"我们"在回望故乡的时候怀着的复杂情感是指什么?

_____

_____

2. 为什么"我"固执地认为故乡情结应该是自己心中的私人化风景?

_____

_____

五十断想

名师导读▶

　　王必胜善用拟人、比喻、夸张等修辞手法，使文章生动且易于读者理解，同时，他还善于从自己的角度去陈述感受，从他人角度换位引导，启发读者跟随他的脚步展开联想和思考。

一

　　没有想到，五十岁来得这么快，稀里糊涂地就来了，真正是没有准备。① 人的一生，究竟有多少时间，能够活到多久，谁也没法说，谁也断不出结果，但谁也都很关心。人在年轻时，希望日子过得快，看到年长者成年人的做派，真希望自己也有这等特权，而年长一些就觉得这时间好像老跟你作对似的，不知不觉

❶ 此处，作者用自己对人生的思考，启发读者思考，引起读者共鸣。

地就来了，就走了。那么多的甜美没有品尝，那么多的宏图没有施展，那么多的期冀还没有兑现。不承想，倏忽之间，这都成了遥不可及的梦。这怎么行呢？这又是千真万确的。① 有一日，在家收拾桌子，看那本台历十天半月都没有翻一页，就说，这日子过得连日历都来不及翻。呜呼，真正是时不我待，似乎时间故意在与我们作对似的。日子过得迅疾，古今同理。记得，人说这时间之速，有说飞光飞光，有说是逝者如斯夫，有说如白驹过隙，有说是坐地日行八万里，说这说那，都是惜乎时间之倏忽，人生之苦短。古人的诗中词里，对时间的描绘、探究，汗牛充栋，不一而足。而古人对时间的崇拜，对时间的感悟，为我辈所信服的。② 古人对时间是惜时如金，视同生命看待。所谓劝君惜取年少时。少年，是时间丰富的代名词，于是，少壮不努力，老大徒伤悲的感叹，除了励志之外，也有对于时间的不可逆性的感叹。当然，对于时间，我们同古人也有不同。③ 我等现代人则把时间当作一个丰富的矿藏，似乎这东西是无穷无尽的。明日复明日，明日何其多？表达的也许是一种事实。科学让古今人们对于时间的计算有不同的认知。但是，人们愿意把时间当作一个物体、一件东西，如水波沙流，电光石火，稍纵即逝，所谓不让时间从指缝中流走云云。而有这

❶ 此处用夸张的手法，以来不及翻日历来形容时光匆匆。

❷ 此处借古人对时间的看法，表达了作者对珍惜时间的态度。

❸ 此处借现代人的看法，与上文古人的看法形成鲜明对比，表达了古今人们对于时间不同的认知。

种体悟者，多是有些志向与追求的，是可与时间赛跑的达人。因此，是时间的主人还是时间的奴隶，是挥霍者还是吝啬者，勤者与懒人，就可分野而出。

二

也不尽然。人，是古怪之物，是怪精，你可以大肆挥霍时间的时候，恰是你阅历浅、不懂得珍惜它的年龄，你可能碌碌无为，而你的时间变得十分紧巴了，你就会感到有好多事没有做完，有好多的头绪没有厘清，也许，你是有些作为地掌握着时间之钥，开启着人生之锁。或者，你可能是人到中年，或者是暮年老气、夕阳西下之时，这才有了对时间的敬畏，对时间的珍惜，当然，也许是出于无奈。① 你这时的感觉是，恍惚间，人生之路行百里者而半九十，人生犹如登高，就这最后的几步，向你招手或示威。朝如青丝暮成雪，就那么些日子，不经意间，成了一个在别人眼里为老者朽者的了。夕阳无限好，只是近黄昏。昨天还是踌躇满志，而眼下这多半成了梦境。昨天的镜子中你的英气勃发，你的一脸壮夫豪气，而今则被那华发苍颜所刺激，你可能觉得身体各个部件松动了，腰带渐宽，头发稀疏，牙齿松动，眼镜也配上了，你真正地体会到这人生是苦短了。

❶ 此处充分运用了引用、比喻、拟人的方式，在简短的句子里表现出对时间匆匆流逝的无奈。

这五十的年头真的就来了，不经意间，没准备的，不管不顾，悄然而至。①据说，人生的几大关口，五十是一个驿站。天命之年，不知道说这话的孔子，是想褒奖这个年龄段的人知性自在，有如上苍的悟彻通达，还是他老先生以为，这个年龄已无欲无虑，自在自为。总之，在这个五十的人生关口，是让人有点感触的。尽管这时的你浑然不觉，天真有如孩童，你的天命之年在不知不觉中已降临。这都不奇怪，只是，万物有序，四时更替。日月经天，江河行地。岁月如刀，风雨如磐。②日子是日月的使者，人生就在这不知不觉中过活，生命就在这重复中流逝，时间就在你的不设防中过去。或许，你是一个不太关注那得失荣辱的，不太计较那上下进退的，不太在意周围的尘嚣，甚至蝇营狗苟，不愿同流合污的，有时，虽不是唯我独醒却心偏自安，虽不自高矜持却得一种自在。没有那么多的负累和喧闹，就没有那么多的精神负重，没有那么多的低肩曲迎就没有那么多的奔劳与损伤。坐看云起时，心安意自闲。没有准备的你或许更可平静，不至于，这年过半百就一头烦恼丝，缘愁似个长。③这里，自可慰怀的是，生年已满半百，无有千岁忧，可以一反古人的感叹，平静的心情有平常心境。于是，纵是一头华发投向镜前，裤腰皮带有些紧缩，衣裤号码变

❶ 此处将五十比喻为人生的几大关口驿站之一，表达了作者对"五十"让人更容易引发感触的特别之情。

❷ 此处用拟人手法，将日子比喻为日月的使者，生动地表现出岁月更迭带来时间流逝的自然现象。

❸ 此处，作者以不同于古人对时间流逝的感叹，抒发了自己渴望拥有"平常心"的感悟。

得放大的时候，你可以，纵浪大化中，无忧也无虑。

三

古人对时间的感觉，比我们要敏感，要细微，要精辟。孔子的"三十而立，四十不惑，五十而知天命"等等，老庄道家的天地，李太白的天地，万物之逆旅，光阴，百代之过客，阴阳鬼谷子的时间是一个磨盘，① 陶潜诗说："盛年不重来，一日难再晨。及时当勉励，岁月不待人。"这些都是从积极的态度来提示自己或他人的，而现代人面对这警句箴言，多半是为我所用。好多年前，看别人在填表，登记什么的，看到五十了，挺敬畏的，老先生年高德劭，心想，这多大年纪还出来，身体够棒的。那时，年龄一说到五十，总感觉又一辈人，嗬，老爷子您都这多大了，想想也是，这五十的半百之年，人也就是有福气了。而今，你自己也成了这类高龄者，你仿佛觉得这老，这长，也太容易、太廉价了吧。当然，你可能要说，这是什么心理，把这等年纪就冠以老者高寿者，也是不太厚道，把这帮人的好多的心气和想法都给抹杀了，给限制了。② 呜呼，这个约定俗成颇有点不讲理的说法，这个让一帮小老头子们有所不甘的说法，这个没有考虑到这帮人的实际心态的说法，是有点不太为人所认同的，至少是一把

❶ 此处引用陶潜的诗句，表现出作者对人到五十仍应积极面对的人生态度。

❷ 此处作者使用了感叹词"呜呼"，表达了作者对五十被认为是高龄不服气的强烈的思想感情。

近似年龄的人们。似乎，我这里来个平反了。不管如何，确实是你到了凡事该说不，行事多要减法的时候了，该反省自己检点自己是不是逞能，爱与自己较劲的时候了。比如，你的脾气率性而为，那些不切实际的行为做派什么的，与这个年龄不太合适的。渐进老相的人，凡事都得量力而行，渐为老者的人，心态与身子方取一致者，才为上策。有一次，在地铁里，人挤人水泄不通，我刚进去，就有人起来让座，当时，还不知他是为谁让，看那眼神像是冲我的，只好谢了声立马坐下，拿出报纸边看边挡着众人视线，后来，看大家都很自然的，就觉得你真不服不行。那几许白发，获得了照顾，也算是理当如此。[①] 有次看报纸上的一则报道说，一位五十岁的老人如何如何，这样的表述，心想这年轻的记者，也太把年龄称谓放大了啊，可再一想，是啊，在那二十三十的后生眼里，这个年龄不也当有这样的称谓吗？

① 此处以看到关于五十岁的心理描写的报道加以反问，表达了对五十岁较二三十岁的后生而言确实年龄偏大的感叹。

四

五十的寿星，之前之后，我见过几位要好的朋友曾当过。某兄，有一日大家聚会，酒酣耳热之时，他悄然外出，回来我们找服务员结账，说他老兄已结完，大家都说怎么回事，他说今天是本人五十大寿。大家觉得更不应该他来结账，可一想这老兄是有点执拗劲的人，再看他那浑身英气依然，身板也挺直，一头乌发，竟也五十大寿了，而也是以这样的方式不知不觉地过了这个关口，让他高兴下去吧。另一仁兄，五十岁那天，我正好出差外地，好友为之办了桌酒席，地点也从简，几位平常的朋友吃顿饭而已。晚上我自外地赶回来，从飞机场直奔餐厅。[①]一大盘蛋糕，还有纸做的寿星帽，吹蜡烛，戴寿星帽，那副顽皮神情，除了他头上几根白发外，没有看出已是半百之年的人。还有一兄，约大家周末聚餐，好像是例行的聚会，吃饭时说是过五十大寿，于是加了碗长寿面，连蛋糕也省了，就是多拍了些照片而已。五十之度，人生一个节点，几位都好像是平常之处。[②]不过，这几位都是男士，不知遇到五十大寿女士们又如何庆祝。也许到这个年龄，她们更是简单地回避，忽略不计的。不是说，女人怕过生日吗？

这五十年的光阴，风雨走来，我就先以这样的文字提前为自己预祝了。不知到了那一天，我是不是还与朋友的小子伙着过生日。多年来，我们叔侄俩都是在国庆前后的时间，相差一天，就利用这大休息日一道热闹了，而且，这大小老少的集体过生日，也很让朋友们有点热闹的由头。想来可能还是要一起过的。

① 此处以餐厅现场的生日蛋糕和布置，凸显出过五十岁生日的人仍然葆有一颗童心。

② 此处以举例的方式，表达出男士对过五十大寿所秉持的乐观态度，并由此推断女士对五十大寿将会持的回避态度。

热闹，是人之本性；友情，是人生的催化剂，滚滚红尘，遑遑人生，友情是最有意思的。人嘛，好多的节日和节目，不都是自己找的，自己设计的吗？^①所谓自娱自乐，快乐人生，想想也是，生年不满百，何必千岁忧，干吗跟自己过不去。如此这般，这样的机会想还是不放过的好。

❶ 此处以简短的语句点明主旨，表达作者感悟的"自娱自乐"的人生态度。

延伸思考

1. 本文所提到的古今时间观念有什么不同？

_____

_____

2. 作者在本文所提倡的是如何来对待五十这个关口？

_____

_____

小城大馆

名师导读

　　王必胜的散文善于以拟人、比喻来为文章润色，增加可读性和趣味性，同时也保留着理性的观察逻辑进行客观的描述，在细节中见真章，在平淡中显立场。

❶ 此处以拟人手法，充满趣味地生动表达出小城所处的地理位置。

　　说这里是个小城，也不尽然，在美国中西部的城市都很密集。① 从地图上看，城市臂膀相拥，鼻息相吸，连成一片，你我不分。这个俄亥俄州的小城，却在俄州以至全美国也是相当有名的。

　　它叫代顿，又写为戴顿。

　　因为它有一个赫赫有名的美国空军博物馆。

　　在美国，俄亥俄州的首府是哥伦布，一个发现新大陆者的名字，如果在地图上找，这个首府并不起眼，它的周边有克利夫兰，有辛辛那提，都是在俄州叫得响的。①而克利夫兰的美国职业篮球骑士队声名可是了得，辛辛那提的交响乐团也是世界闻名，还多次来过中国演出。再远一点，是芝加哥，从中国大陆到俄州要在这里转机。2004年，我在俄州的哥伦布住有月余，朋友们看我首次来美，问及我观光计划，说就近带你去转转，说哪里是风景，哪里有名胜，哪里有人文，而说得最多的是去代顿，那里有内容。

这内容就是美国空军博物馆。②在美国，共有三个航空博物馆，在华盛顿和其他地区，而代顿的规模和展品是名列前茅的。

那是一个休息日，秋风习习，早早自住地出发，一路上，美国朋友克瑞斯先生当司机，同行的还有他的夫人曲女士以及另一位中国留学生武小姐。除了我，他们都曾去过。专门为我安排此行，真有点过意不去。

车从克瑞斯家出发，上高速，中部平原上的开阔旷远，在早晨的阳光下，让人心旷神怡，也令司机和汽车都劲头十足。公路是六车道，时速虽有限制，但一路上车辆并不多，就显得很快。③克瑞斯先生的驾技不用说，而座驾又是相当气派的福特，在这宽阔平原的高速路上，就像是一艘游弋在大海中的飞艇，击浪而行。路上，秋景缤纷，花团锦簇，树与花除了高

❶ 此处以"美国职业篮球骑士队""交响乐团"等世界闻名的例子来印证前文的"叫得响"，增强文章可信度。

❷ 此处以"三个"和"名列前茅"等词，精准地阐明代顿的美国空军博物馆的地位。

❸ 此处将高速路上行驶的汽车比喻为海上击浪而行的飞艇，十分富有感染力，表现出作者愉悦欢快的心情。

矮不一样外，亮丽美艳得分不清是树还是花。走了约个把小时，到了更为开阔的地方，他们提醒说，可以看到路上被轧的野鹿。说话间，真就有被汽车撞死的动物尸体弃于路旁。据说这里的野鹿野兔常遭此不幸，自然生态好，路况好，车速一快，可怜的它们就成了冤魂。而这不会追究司机的责任。

走了约两个小时，就到了一个像是镇的地方。有军人模样的持枪而立，好像是到了空军基地的地盘。军人上车检查，通过后，拐了一个弯，进入空军的领地。两旁有高大的树丛，多了一些军人守卫，也有各色的军车在三三两两地排开，再就是相当大的开阔地和高大的绿色植物。到了，这就是空军博物馆。与我所想象的不同，除了路程稍远外，也没有什么费事的。^①手续之简便，哪怕是几位荷枪实弹的军人，也微笑地放行。眼前是宽阔的绿草地，中午时分阳光明媚，让你觉得有好心情。

说是大博物馆，从外观上看，没有什么特别的感觉。远远看去，前面一像圆锥体的建筑，横立于前，后面的是几排房子，一溜长数百米，如同国内库房似的大仓储形状，或者像一个巨无霸似的车间。周围是广阔的草地，也更没有什么感觉。

可是，山不在高，卧虎藏龙。^②一份资料说："美国空军博物馆是世界上最大也是最古老的军事飞行博

❶ 此处根据情景适当展开联想，轻松的路程和简便的手续让读者充分感受到轻松的心情。

❷ 此处引用资料和数据，将博物馆所处的历史地位展示出来，使文章更具说服力。

物馆。这独一无二的景观讲述了人类飞行的发展史，从怀特兄弟发明飞机到当代飞行技术。每年大约 100 万的观者，从世界各地来到这占地 10 英亩，拥有 300 架飞机和导弹的地方参观。"

到了门口，一眼望去，这个仓库或者大车间的感觉更为明显。它们都是庞大宽厚但不太高的建筑，从外观上看不出它们的规模和内涵。阳光下平淡无奇的屋顶也显得有点沉郁，而且，没有通常的高大围墙，没有人来人往的热闹。也许我们来得早了点，美国人在休息日通常是很晚才行动的。

进得里面，门口有一个不规则的高大厅堂。① 通常有的展示和摆设，好像有一个什么雕塑，一个很小的接待台子，有两位老人，一位穿着大红西服，另一位穿着深蓝西服，和气地登记来宾的资料。不收费，是美国博物馆和公园的特色，以老军人来做服务生，不像国内通常是年轻人，以防不测，或多是女性，为了安排人员有事做。他们军人的风度和历经世事的态度，让来宾有一种信任感。当然，在这个涉及军事或者与军事有关的地方，这些退休的人，是最有资格的。

展厅是按专题分类的。从怀特兄弟开始制造飞机的梦想，到现在高科技成果，一一展示。说其大，是以主馆的三个巨型机库，一个科研机库和一个总统机

❶ 此处对两位接待老人身着的西服颜色特别注明，大红、深蓝给人以视觉上的冲击，让人印象深刻。

库组成。主馆分为早期、"一战"、"二战"、冷战、动力、现代飞行和宇宙空间等不同的展厅。

① 此处承上启下，从展品、说明、介绍等方面引出下文，讲述展厅陈设的航空历史。

① 穿行于内，先是从那庞大的物体和较小的说明、加上同伴们的介绍中，温习着这航空的历史，也回溯着这个人类漫长的技术发展。一百年前，代顿人怀特兄弟在这块土地上，不畏风险，多次试验着人类的上天飞行，开启着人类的想象之旅。是的，没有这个早期飞行的梦想和试验，没有那人类先驱们的先飞一步，今天，航游天际、与天比高的人类，将是什么样的状态。至少，人类航天的理想，会延迟多少年啊！

② 此处一句话概括出技术带来的人类航天理想的实现和带来的战争的血腥惨烈，表达了科技是把双刃剑的观点。

② 当然，这些技术又在残酷的战争中变得血腥而惨烈。"二战"时的偷袭、原子弹的投放，多因这残忍的空战而起，也残害了多少生命啊！

③ 此处按参观顺序，条理清晰地对"早期馆""飞行动力馆""冷战馆""现代飞行馆""宇宙空间馆"展厅做了介绍。

③ 早期馆，讲述了军事飞行起源。该馆有世界上最佳的"一战"飞机收藏。世界上第一次环球飞行及早期的技术发展将你带入"二战"的初始阶段；飞行动力馆，将你带入"'二战'的心脏"、喷气飞机时代、"朝鲜战争"及"越战"年代；冷战馆，则讲述了美、苏的对抗以及柏林墙的倒塌；现代飞行馆，展示了最新的飞行技术，包括B-29轰炸机。还有宇宙空间馆，收藏了早期的宇航服。当年,美国宇航员曾经用过的物品、食物以及月亮石等，林林总总。这些实物和展品，还

包括几千件飞行纪念物，个人纪念品、制服以及图片等。加上现代高科技的视频介绍，让冰冷的机器，有了鲜活的生命。

在朋友的指点下，我跑马观花，按图索骥，朝一些重点展品奔去。①展品体积大小不一，有大似小山的，如作战用的轮渡，其庞大模型如实物似的，我们上去，有二层楼高；也有小飞机如一辆小型担架。还有，因场地之高大，挂在展厅里的美国国旗，奇大无比，是我在美国东西部旅行中见到的最大的一面旗帜，同行者小武知我对美国国旗有拍照的爱好，自然也不错过按下快门。这么大的家伙，高悬在上，给人庄严感，也体现着美国人强烈的国家意识。在一些大城小镇上都可以看到不少私家车上安上国旗或画上国旗。而一些居民区、私家的墙壁或门前，也多有张挂的。那几天，正是美国四年一度的大选决战期，人们热情高涨，即使在一些偏僻的居民房屋前，除了候选人布什和克里的名字外，到处飘扬的是国旗。

穿行在这些有点杂乱的展品面前，眼前多是些冷兵器、军用的武器，在暗弱的灯光下，泛着黄幽的光。有的飞机为了吸引观者，还以剖面示人，机件构造一览无余。②当然，这高科技，炫耀了军事强力，而它们对于生灵的残害和历史的负罪，又有怎样的回答，

❶ 此处将展品形容为小山，并以展厅的美国国旗是作者在美国东西部旅行中见到的最大的一面旗帜加以佐证。

❷ 此处对武器的叩问，表达出对武器杀伤和残害生灵的谴责，表达了人们对于和平的向往。

哪怕是去解说呢？好像，不少的说明上都提及了哪架飞机参与了哪次的作战，却没有这些武器的杀伤和残害的说明。当然，战争的正义与否，不是个简单的算术式，可是，一旦这种武器出现，其威力和血腥，总是对人类有威胁甚至犯罪的。① 在我的遐想间，来到一个巨大的轮胎前，好家伙，这是一个飞机降落用的轮胎，有近两米的直径，为"二战"时的设计。上面还标明三分之一是尼龙材料，仅这就是 60 个普通轮胎的用量。这时，周围参观者多起来了，有不少美国人一家大人小孩都来，小孩子把这里当游乐场所，热闹新鲜。我们上楼，就有一个白人小女孩与一个黑人小男孩，追逐玩闹，气喘地跑着，差点与我撞个满怀。这些孩子，感兴趣的恐怕是这个偌大的空间，好奇的也是各种飞机和武器吧。

馆内最大的亮点是总统专机，这些当年的总统座驾，退役后就收藏在距离主场馆约 1 英里（约 1.6 公里）的地方。虽远点，但是参观者必去的地方。这里，像一个工厂维修车间，专机杂乱放着，也没有人看管，也没有参观指南。人们可任意上去，寻找总统主人的感觉。② 我看到美国第一架"空军一号"，即罗斯福总统的专机，还有艾森豪威尔、杜鲁门、肯尼迪的专机。其中一架飞机多位总统坐过，包括福特、布什以及克林顿等。上了

❶ 此处对巨大轮胎的细节刻画，表现出高科技在细节上的运用也是非常精密的。

❷ 此处通过展示美国历届总统乘坐的专机，凸显出博物馆的大和权威。

几架专机，好像当年总统们也是有点委屈的，山姆大叔人高马大，可有的专机上像鸽笼一样隔出多个区域，多少有点憋屈。在老艾的专机上，有他的腊人像，端坐如仪，我近身与它合影。朋友问你怎么就选它，我也不知道，大概当年中国领袖毛泽东的文章中，对艾森豪威尔提到多次，我记住了。或可是碰巧，这人像并不英武，甚至有点矮小，在美国，总统领袖无论在任，还是去职的，美化、丑化、妖魔化都无妨。那就合张影，作纪念吧，又是专机，又是总统的，不枉到此一游。

如果找一点与中国有关系的，就是当年"飞虎队"的陈纳德们了。① 在旁边的小树林草坪，有一尊后来的雕塑，上有金灿灿的文字，记述了"二战"飞行英雄陈纳德将军们的事迹。当年，美国军人捐躯战场，遗骸留在中国，今天，我们从遥远东方来，默默地献上一份敬意。就在一年前，这里纪念人类飞行一百年的同时，中国政府的代表还在此举办了"飞虎队"在亚洲抗击日本法西斯的展览，说是盛况一时。

② 代顿航空博物馆，因怀特兄弟百年前的那次试飞，成为这个建筑的缘起。美国人对航天的重视可见一斑。华盛顿的航天博物馆我也去过，从意大利的达·芬奇的飞机构想图，到怀特兄弟 1903 年 12 月 17 日震惊世界的 12 秒成功飞行，几乎复制了代顿的展品。不同的是，

❶ 此处对陈纳德将军们的纪念雕塑，以"金灿灿"一词表达了对他们默默的敬意。

❷ 此处简明扼要说明怀特兄弟试飞成为代顿航空博物馆的缘起，这是历史的必然。

这里的实物飞机馆藏是华盛顿和其他博物馆所没有的。地域开阔，飞机之多，形成这样的大规模。如今，美国的载人航天技术为世界领先，他们有实力和能力展示这些。当然，这对世界历史和人类发展不无裨益。

但作为美国文化的一种表达，我想，创立这展示科技历史和国家技术的博物馆，展示军事实力，也没有完全去意识形态化。在冷战馆出口，就有一个表现当年柏林墙被推倒的模拟场景，与这航天的技术几不搭界。一辆破旧的小汽车上，站着一名女性，一手握笔在写画什么，另一只手扯下了民主德国的国旗，另一男子骑在柏林墙头，举起了拳头。这幅场景，是何寓意？我老在琢磨，挥之不去。① 小汽车被示威者踩在脚下，旗帜被拉扯掉，高墙被推翻，失败的、终止的、消灭的，都是些什么？杂乱的画面与这宏大的实物实景，似乎没有关联。这又是为什么？可能在说明牌上有回答，我看不懂，或许也不必去弄明白。

出了馆，在对面稍远距离的草地上，找个角度想照个全景照。打量这个名气大的家伙，一股威武气息之外总有点隐隐的感觉，是它呈现的强大的科技实力，是它不忘不弃的意识形态，还是它的自由随意的参观方式，或者还有，它在这个小城兀然而立，几经风雨，或者，它那无远弗届的声名，和不多不少的参观者带

❶ 此处作者用自己的疑问，启发读者深思，似有所指，又没有标准答案，仁者见仁、智者见智。

来的人气……① 总之，我去了一个名气可比肩西部大峡谷、好莱坞，东中部的尼亚加拉瀑布、哈佛大学等，这些美国闻名的地方。这就够了。

延伸思考

1. 本文按照怎样的参观顺序对展厅做了介绍？这样的展厅布置呈现出什么样的效果？

_____

_____

2. 本文中作者对高科技武器持怎样的态度？

_____

_____

在安溪喝茶想到苏东坡

名师导读▶

　　王必胜的散文善于引用名家诗句和细节描写，在行文过程中总是紧扣主题，或直抒胸臆让读者能切身体味，或点到即止启发读者深思，形散而神聚。

❶ 此处引用苏东坡的词句，紧扣主题，生动自然地引出下文。

❷ 此处作者细数茶的品类，与上文对自己"简单的茶客"的描写形成反差，表现出作者的谦虚。

　　①"雪沫乳花浮午盏，蓼茸蒿笋试春盘。人间有味是清欢。"在苏东坡的众多咏茶诗词中，令人难忘的是这首《浣溪沙》，虽是游历之作，却在赏景饮茶的平常物事中寄寓深意，茶与事、茶与情、茶与时光人生，尽显其中。

　　对于茶，我十分喜好，有点依赖，有如饭食。一日数餐，凡饮水多是热茶，外出坐车或开车，无论冬夏，都带上一杯。可我只是个简单的茶客，不大讲究。②平时喝绿茶多，什么毛尖、瓜片、春芽、火青、银针等，精的粗的轮换着，多因北方干燥，去火除燥，亲近绿茶的清淡醇和。当然，也并非专一，有时也青睐红茶或是乌龙茶，比如，大红袍、金骏眉、冻顶，以及滇红之类，更多的则是早负盛名的铁观音了。

没想到，这就有了机会，走进铁观音茶的腹地。深秋某夜，在安溪龙涓乡一个群山环绕的茶园，住木制的华祥苑，与作家朋友世旭、阮直、青梅三人喝茶夜话。木楼板房，人一走动，吱吱作响，更显山野静寂。屋外，皓月如镜，山鸟啁啾，夜气明丽，可见影影绰绰的山坡茶林，话题由桌上"金凤凰"茶，说到茶事、人情，也说到文事和世情。茶是闲聊助兴的一盘好菜。夜深人静，茶味渐淡，却谈兴不减，回房间了无睡意，就想起古人的咏茶诗文，苏东坡这诗油然眼前。

① 在铁观音的家乡想起苏东坡，缘于诗，还是缘于茶？

历代诗文大家中，苏东坡与茶，留下诸多话题！据说，他写有50多篇有关茶的诗文。② "且将新火试新茶，诗酒趁年华"，"从来佳茗似佳人"，"酒困路长惟欲睡，日高人渴漫思茶，敲门试问野人家"。这些诗句朗朗上口，意境清新，过目难忘，流传至今。他的千字长文《叶嘉传》，留下了中国诗文传统中写茶的别样风景，也为文章大家所仅见。文中以茶喻人，说茶

❶ 此处问题无须回答，答案已在读者心中，因为紧扣题目，苏东坡与诗、与茶都有诸多话题，起到承上启下的作用。

❷ 此处对诗句的引用，对上文提问是一种无声的回答，因为这些诗句表现出的都是诗不离茶，茶不离诗。

议事，托物言志，为小品文极致。描绘茶人叶嘉（有说是茶叶的拟身，脱化于陆羽的"南方嘉木"句）为八闽人氏，其德行清正，几可比肩时代人物。^①我好奇，东坡老人为何写此独特文字，他的"记游"文字多多，专门写人的却寥寥，文章大家、诗词宗师，为何对一个似有似无、籍籍无名的福建茶人，有如此的描写和关爱？

① 此处以作者的好奇之心引出问题，让读者迫不及待想要阅读下文一探究竟。

苏东坡笔下的"叶嘉"，生活在闽西北建安、壑源（今建瓯）一带，离闽南安溪有 300 多公里之遥。当我们在安溪喝乌龙闽茶，想象着他写此文的情景。900 多年前，一代文豪、茶客，虽几番盘桓江浙，杭州湖州诸地留足，并不曾行旅附近的八闽，却写武夷山一带的茶事，以"风味恬淡，清白可爱"的叶嘉，抒发一个文人的心志。东坡一生坎坷，"问汝平生功业，黄州惠州儋州"，颠沛流离，芒鞋竹杖，风雨无情，却性情豁达，超然自适，煮茶品茗，心性淡然，恰似他所咏吟的这茶人叶嘉的品性。

都说国内饮茶赏茗，多是唐代始盛，茶艺茶道，渐兴于宋。宋代以后，种茶焙茶，先是在西南、北方兴隆，后渐有东南之后发。海禁之开，丝绸之路的海上通道的兴盛，于是，闽中茶事也由武夷一脉渐成气候。^②苏东坡专为闽中茶人立传，也可看出当时福建的茶

② 此处作者紧扣主题，直接以苏东坡为闽中茶人立传的事来表现出福建茶事在文人中的地位。

事在文人中的地位。他写的建溪茶，声名响亮，如今的安溪茶也属此一类。据考证，安溪在唐代就大量产茶，铁观音的名声是在清代以后渐为扩大。一说是清乾隆的青睐，尧阳乡的文士王士让，从家乡带去朝廷，赠予侍郎方苞，后呈贡皇帝，乾隆十分喜爱。见其乌润如铁，形似观音，赐以这个流传的芳名。这以后，铁观音作为乌龙系列的佼佼者，其声名日隆，广为流传。

有幸来到当年王士让采摘进贡的老茶树遗址，圈围起来的门楼上写着颂联，石碑上镌有"正铁观音母树"。① "母树"一人高许，长出十数枝条，其叶青翠，瘦小得辨不出它的年份。为保护此树，专修有大理石的纪念牌楼，高六七米，更衬出它的矮小，旁边有当年发掘母树并送茶朝廷的王老先生纪念室。铁观音的故事，比起中国其他名茶来，已是简单得小巫见大巫了。不说唐代的陆羽，有专门论述茶叶的名著，即使在汉代，茶叶与西域的交往也曾是重要盛事。但这个后起却独特的茶品，对闽南山乡经济和文化的影响，岂可了得。清以降，因了海上丝绸之路的繁盛，自福建泉州港始，经济带促成了安溪茶叶的快速发展。到了乾隆年间，因铁观音的命名，如虎添翼，安溪茶叶才逐渐走出山里，为世上知名。

中国的名产或名胜，多与文化典籍有不解之缘。

❶ 此处以"母树"的矮小，与它的历史地位形成鲜明对比，起到反衬的作用。

❶ 此处以时下关于名产名胜的流俗，来反衬出此处的茶未被庸俗风气浸染的自我风骨。

❷ 此处以茶客诗文对茶的描绘，引申出茶的味道与品茶之道、茶艺之术，随着时光流转越发精进，表现出茶文化的厚重。

①特别是时下，这儿申遗，那儿命名挂牌，拉老祖宗当门面。文化先贤与某名胜或名产的瓜葛，就可能成为其流行走红的一个点，比如酒、比如风景点、比如菜肴，甚至一石一树等，多贴上名人或古人标签，成为一种流俗。而只有这茶，好像还能守住自我，没有被庸俗风气浸染。即使像苏老夫子有这么多的喝茶的故事、写茶的诗文，不曾见有某某茶品与他套上近乎。从饮食文化和生活趣味看，茶，比之酒或菜肴，更有纯正的文化气息，更体现生活情调。三两好友，一壶在桌，素心静虑，超然自适，方可得其"清欢"真味。所以，世上唯有茶道、茶艺之说。道，是文化精神的升华，也是一种仪式和礼数。唯此，才有苏东坡这些文人大家，从咏茶品茗中阐发人生、体味人生。②作为茶客，他的诗文中，有对制茶、泡茶、饮茶的描绘。千百年后，这茶的味道，或许与当年苏老夫子们品味欣赏的没有多大变化。但是，品茶之道、茶艺之术，却随着时光的流转，是愈益精进的。

当然，作为一种经济作物，茶是安溪县经济支柱。安溪地广人稀，多山区，从国家贫困县到脱贫致富，连续六年获全国综合测评的百强县称号。短短十来年，安溪成为中国"茶都"，诚如本土诗人讴歌的"一片伟大叶子（茶）带来了巨变"。在 2015 年茶叶博览会上，满城的茶香，熙熙攘攘的各地采购大军，我们见证了"这片叶子"的收获盛况。① 坐在古色古香的茶室里，安溪朋友泡茶、请茶，尽显茶艺功夫。红木条桌上，置有专门器具，透明的玻璃杯放上一撮绿色的铁观音，手指压住杯盖，手腕轻轻摇动，洗茶、热杯、续水，慢工细活，温和闲雅，颇有仪式感。小口杯摆放成一个圆圈，清香四溢，一饮一品，轻取慢放。想想我等先前生猛大杯的豪饮，真是有点作践轻慢了这茶之道。于是，就想到，喝茶，是生理之需，享受口福，好茶养身；然而，茶叶来自大自然，"草木本有心"，团团绿叶，随水散开，喧嚣与浮华此刻隔绝，喝茶，又养心怡情。而做到这些，要有相应的心绪情怀。或许，我们说到的苏东坡们，当年看重的正是这些，不急不火，戒浮去躁，禅心而佛性，闲处静适，物我皆忘。我们从他的《超然台记》《定风波》《临江仙》等诗文中，不难领会到。

② 人间有茶，幸也；人生有茶，福也！

❶ 此处对安溪朋友茶艺功夫的细节描写，展现出品茶所具有的仪式感，表达了茶之道所具有的美感和不疾不徐的悠然心境。

❷ 此处作者以工整对仗的句子作为结尾，对全文所想表达的内容进行总结，起到画龙点睛之效。

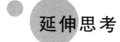

1. 本文中苏东坡为何会写下《叶嘉传》?

_____

_____

2. 本文为何以"人间有茶,幸也;人生有茶,福也"作为结尾?

_____

_____

第四辑 生活随想

　　清晨去看梨花，小雨时有时无，来到清流镇黄龙千亩梨园，"泉映梨花，自在清流"几个大字，吸人眼球，文雅句工，寓意深藏。清凉的风，夹着丝丝细雨，吹面不寒。眼前，梨园广袤，五瓣白色梨花，绽开枝头，水灵生动，也有绿叶托起的骨朵，含苞待放。

【预测演练】

阅读下面的文章，完成下列小题。（15分）

写好你心中的风景

①时序秋冬，一日清朗无霾，难得晨练时光，就沿街头一不大不小的人工湖疾走。石子小路时有缤纷落英，倒影斑驳，菊花清雅，修竹萧萧，更有弦乐悠悠，白首红颜，舞姿拳路，一招一式，兀自陶然，好一派闹市尘嚣中的闲静。因刚编完散文随笔年选，翻读诸多佳作，遂使人有了散文之心结，如此良辰美景，油然与这散文作些勾连和穿越。那湖光树影，秋风摇曳，想到的是"北京的秋"或"故都的秋"同题的诸多名篇，是梁实秋《雅舍小品》中的文字；那闲静虽逼仄的水面与树丛交映，小鸟啾啁，柳树牵衣，是梭罗，是普里什文，也是周作人、老舍们笔下的景；还有，那些亮眼的花草姿态与秋阳曦露，想到的是东山魁夷的画，是列维坦的色彩；那份秋的雅

致和古意，让人联想到陶潜的诗文和谢氏山水诗的韵味。一湖秋光，满眼生动，睹之，品之，不禁回想记忆中那生气淋漓的文字和艺术。触景而论文，这散文之道，也如观自然之景，见情见性，说白了，优美诗章或者散文篇什，就是你眼中的风景再现，是你心中的情感表达，也是你主观的情怀和心绪的抒发。爱你所爱，才写你所写。

②不是吗，证之我们眼前的诸多散文，无论是写事写人写景写心，无不是钟情于你所要表达的对象，是你的心灵直感和思想的文字外化。其实，散文是文学中的不可言说或者不可捉摸的一个物件，如果要非去解读和定位，我以为她是一个精灵，让你折服于她，留恋于她，倾心于她，或者受制于她的折磨。前些时，我为一套散文的丛书写序，就用了这样的一个题目，在此套用其名，也顺便抄录文章的几句：

③"尽管散文是一个没有确切定义的文体，尽管散文的历史是一个没有定论的悬案，尽管散文也曾不被某些作者所认可——有所谓雕虫小技、壮夫不为之说。然而，散文的生命是强盛而博大的，她是文坛一葳蕤的大树，是文学的一个精灵，无远弗届，无所不在，从古至今，林林总总，留下了众多精品，制造了许多经典。对于文化的传承，对于文学的发展，对于人生的精神引领，散文之功，善莫大焉。设若没有散文，中华典籍会留下多少空白和遗憾。自现当代文学实际看，散文成就了许多大家，也是各类高手们一试天地的园地。所以，散文这个文学精灵，游荡于文学的天空中，也裨益于

社会人生，成为许多读者心中的所爱。

④ "为什么，一个并没有明确的文本定义、杂糅了诸多文学样式之长的文体，一个亦古亦新的文本样式，在如今文学分工越来明确、细化之时，仍葆有相当的人气，在创作和阅读两个端点上仍然相得益彰，为当下其他文学形式所鲜见。因为她有轻巧的文本样式，灵动的文学情志，雅致的文化情怀，摇曳的文体风格。

⑤ "散文的题材是开阔而多彩的，散文的写作手法是开放而不拘泥的，散文的语言是多彩而个性独特的。我们可以从中体味散文文本别样情致，领悟不同的人生和社会内容。我们也可以从中读到，在文学王国里，那些亲情、友爱、恋情，这事关人生普通情感的诸多题旨，其丰厚的内涵和感人的情怀；也可从中体会到大千世界、浮世人生，所持守的人类基本情怀；我们还可以看到，这些人情世情，自然人文，如何在大家们的笔下，表达得如许精微、热烈、透彻。当然，那些高情大义、普世情怀，那些相濡以沫、危难与共，或者那些相忘于江湖、君子之交等，不同的情与义，相同的人情与友爱等话题，在众多的作品中，有充分的展现和精彩的描绘，让读者产生共鸣。当然，作为时下丰富而轻捷地展示社会人生，书写时代精神与个人情怀的散文，在更广阔的视野上关注现实，展示民生，描写情怀。这些是散文这个精灵为人所喜爱的缘由。"

⑥以上是就散文的经典性要求而言的，是多年来散文的艺术要求。可是，如今信息发达，又有多媒体、自媒体时代之谓，让你从

经典的殿堂里对文学有了更为广大和大众的认定，你会对散文的众多变化有认同而期待。比如，微博、微信的出现，更是把散文的味道和功能，发挥得迅疾而广远。如今，这微字怎可了得，她不只是小而微，也是快与众的别名，成为当下人们沟通和表达时最便当最亲和的文字方式，于是，有微小说、微散文的说法。其实，这类文体很难归类，前几年的手机小说和时下的微小说基本是一样的东西，有故事人物，也有情味，可以当作散文看待，而微信，无多画面和人物的面影，我以为就是一篇小小的微散文。积十年的既定习惯，我们的选本还是注重了文章的厚重，也许体量上的负重，影响了她的精灵般的灵动鲜活，对时下那些微信微博类的时髦文字没有顾及。但是，它们或他们，蔚然成气候，以微信为代表的这类新文体，其实就是一种新散文，许多是有味道，也见才气和性情的，表达的感悟有时也微言大义，见微知著。如若有出版家专事一本这些微字号的文学，说不准会大有市场。所以说，这个文学的精灵，其实已暗香浮动，潜隐于市，人们在微世界里找到了种种乐趣，得到了心理的倾诉，也让文学中有了新的身影。这里，顺手摘上名为"清扬"的微信二则，见出这类微字号散文的新生面："遇见一座城，像遇见一个人一样，等时，造势，得天地成全，春风马蹄之下，满城怒放，江湖夜雨之时，相对无言。谈论一座城，就像谈论一个人一样，黯然，谨慎，三缄其口。那么，亲爱的再见，知音零落，故人白头，萧郎陌路，世间再无黄金城。""这座城市依旧妖气万丈，那些独睡过的人，抢眼的人，幸福的人，恸哭的人，一齐冲着夜晚拔出瓶塞，举起酒杯，妖怪们于是纷纷逃逸而出，在城市上空集结成云，如同蜃吐出气息，它们开始吐出梦境。""那么眼下只有一个问题，到底是睡着的我们梦见了城市，还是睡着的城市梦见了我们？"这是出自一个对城市的某些瞬间或某些人情方面有特别感悟的青年之手，语句自出机杼，虽还可严整，但随意轻快的文学表达，见出一个现代人的某种心境和感受。城市与人，是宏大的主题，也是当代人的情绪触点，从个人的认知角度，写来幽幽情致，一咏三叹，小资中见大端，会有很多的跟帖者。微散文，其文字要言不烦，信手拈来，以小见大，也有原生态的实感，加上即时性的传播，玩文学于掌中，这种新文体的辐射力和召唤力未可限量。或许在下一次当是我们关注的。至少，这些是散文这个精灵的又一表现形式吧。

1.本文所认为优美的散文写景之道是怎样的？（2分）

_____

_____

2.本文所指的"微散文"是什么？（4分）

_____

_____

3.阅读文章，分析下面语句的表达效果。（9分）

（1）石子小路时有缤纷落英，倒影斑驳，菊花清雅，修竹萧萧，更有弦乐悠悠，白首红颜，舞姿拳路，一招一式，兀自陶然，好一派闹市尘嚣中的闲静。

_____

_____

（2）散文这个文学精灵，游荡于文学的天空中，也裨益于社会人生，成为许多读者心中的所爱。

_____

_____

（3）积十年的既定习惯，我们的选本还是注重了文章的厚重，也许体量上的负重，影响了她的精灵般的灵动鲜活，对时下那些微信微博类的时髦文字没有顾及。

_____

_____

绿色王国的寻觅

名师导读

王必胜散文既善于使用翔实的数字来增强文章的说服力，又善于运用精准优美的词句来增添文章的可读性和趣味性，兼具理性与感性之美。

❶ 文章开头简而得当，自然而然地为下文介绍竹溪做好铺垫。

① 竹溪，鄂西北山城小县，名字不由得想到生态景观和山水风景。在华夏版图上，竹溪地理位置近乎居中，经纬度大略交叉于中国地图的中心点。西北面的秦岭，挟汉水逶迤而来，西南与巴山交臂，东通荆楚，南抵神农架，秦、渝、鄂交界，三方四面，接壤互通，

形成一个特殊的地理区位，遂有了山水自然的奇妙和人文风情的独特。

① 山因水而媚，水因山而丰。这里是南北气候区划过渡的分水岭，秦岭巴山在这里形成掎角之势，是汉江最大支流堵河的源头、国家南水北调中线工程重要水源区。境内有大小河流197条，林地面积390万亩。绵延起伏的山脉，莽莽苍苍的森林，曲曲折折的溪流，玉成了一派生态自然的奇妙之地。竹溪所辖的3300多平方公里，森林覆盖率达到76.8%，植被覆盖率83.9%。汉水泱泱，五河交汇。汇湾、泉河、竹溪河、柿河、堵河齐聚，在新洲镇一带形成"五水归一"的景象。② 竹溪有各类植物204科，被列入濒危国际贸易公约的野生植物有62种，珍稀的有桫椤、红豆杉、珙桐、小勾儿茶等，在拥有18里长峡国家自然保护区等4个国家级和省级的森林公园、湿地公园中，都可见它们身影。物华天宝，造化天成，山高水长，为竹溪生态丰茂，添薪加柴。

生态为时下热门话题，人们衡量幸福指数也注重生态的考量。水泥丛林的人们关注生态，也就计算蓝天晴日多少，尘土雾霾大小，而竹溪一年97%的时间里空气质量为"优"。置身这片绿色世界，没有生态的

❶ 通过山水之间的互相辉映，使文章语言增色不少，让句子读来充满情趣。

❷ 此处以具体翔实的数字对竹溪的植物种类进行说明，使文章更具说服力。

焦虑。明丽的蓝天，洁净的空气，养眼的绿色，是这里最珍贵的生态福利和幸福指数。

行走在这片绿色世界，忽而路断林密，山重水复，忽而流水人家，柳暗花明。竹翠，溪清，万物生动，很好地诠释了"竹溪"二字的含义。<u>①那天在通往万江河的路上，时隐时现的小溪，崎岖蜿蜒的山道，板桥掩映，奇花生树，炊烟人家，稻禾清香，依稀感受到当年陶渊明笔下的桃源胜景。</u>听说，不远处就有一镇名桃源，远古时期这里为古庸国，武陵、桃源，曾为当时的地名，而桃源古镇的许多物象，可当作陶公笔下现实版的风景。夜宿新洲镇，山前碧波清澈的高山湖，秋月高悬，更发思古之幽情。在这秦巴山脉、汉水流域盘桓的唐代诗人，不少名作恰是眼前的写照。<u>②"明月松间照，清泉石上流""野旷天低树，江清月近人"。</u>古今相通，思接千载，诗意与现实同美。绿潭青草、修竹茂林，或隐或现的山居灯火，岚烟缥缈，宿鸟啾啁，交织成一幅生机盎然的图画。

当年的商贾从巴渝、荆襄之地，北通长安，走出了如今仍斑驳可见的鸡心岭古盐道，以盐茶为主的商道，蜿蜒千年，风雨沧桑，留下不尽的人文话题，也使竹溪自然生态注入神奇的内涵。

❶ 此处通过生动形象的描绘，使读者仿佛置身于桃源胜景。

❷ 此处引用诗句，将美丽的景色似画卷般地展示出来，画龙点睛。

然而，人们津津乐道的是被称为楠木故里的地方。山中半日穿行，是为了这片珍稀的楠木而来。离县城40多公里的新洲镇烂泥湾村的高坡上，偌大树群形成绿色阵势，枝叶纷披，高者30余米，矮者也两层楼高，树干修直，遒劲密匝，并不规则地生长在水汽氤氲的半坡中，静静地凝望着群峰。这是湖北省境内最大野生楠木群。① 金丝楠木为国家二级保护植物。材质好，柔韧度上佳，防虫拒腐，历久不朽；透气性也高，尤其是纹理，呈各类图形花样，色泽高贵，暗香袭人。自古以来在民间被誉为"树中黄金"，也视为名贵林木的"公主"，是历朝历代的皇宫建材，也有皇帝的龙座、床榻，选用上好的楠木制作。

眼前这楠木丛，400多棵大小不一的树，集中在近8亩地上繁育。最大的一棵已有400多年历史，尊为树王，粗壮身躯要三四人合抱，四周专有栅木护卫。② 几棵稍细的老树，横七纵八，各自顶天立地般伫立，身躯黛青亮色，在秋阳中尽显勃勃英姿。"霜皮溜雨四十围，黛色参天二千尺"，杜甫的古柏诗作，庶几神韵相似。近看，躯干不同纹理，如衣料花纹，也如木耳状，大者似一幅抽象山水扇面，小的如硬币，因树龄不同，色泽各异，细腻与粗犷，平滑与粗糙，不一而足。有人称道楠

❶ 此处用词生动，来源于生活的想象，奇妙又合情合理，充满了趣味。

❷ 此处先从树的整体外形描写出它的英姿勃发，再从近处观察它的躯干纹理，主次分明地写出了楠木共同的特点，又写出了不同树龄各自的特色。

❶ 此处对楠木痂块的描写，详略得当，既写出了楠木独特的共同点，又通过形象的比喻和用词让内容生动丰富。

❷ 此处以楠木的生存环境，凸显出它的顽强生长，同时赋予拟人化的"她"优秀顽强的品格，表达了对楠木的喜爱之情。

❸ 此处对楠木起源的不确定，以及将楠木拟人化地比喻为皇宫公主的"她"，一方面呼应上文楠木因为没有得到特别关照而命运多舛，另一方面就楠木的终得赏识衬托出其珍贵。

木树纹的美，是树中极品，体现了大自然的鬼斧神工。楠木根部却有结痂，几乎树树不落，令人好奇。①这痂块，好像受了什么重创，"创口"大小不一，大的长约一尺，宽有一拃，其形状像葫芦，或柚子等。据说这是楠木自然生理现象，名为"满面葡萄"结瘿。楠木傍坡而生，枝叶多在顶端，形成宽大树冠，身子却光溜赤裸，栉风沐雨，而长长的根系外露在石块与泥土间，交错缠绕，受山泉常年浸泡，根蒂泛绿，在杂草污泥中，如蛇蟒蛰伏，因此多了一些神奇传说。②山泉、石块、泥草，还有水汽，阳坡，形成了她适宜的生存环境，阴湿，草稀，土少，却也顽强生长。要不是亲见，难以想象名贵如斯的"黄金树""公主树"，如此负重隐忍，令人敬畏，令人唏嘘。也许，当其成为板材有了实用价值时，她的雅致脱俗的品性才可显现。其实，楠木对生存环境要求高，多是在南方的高山密林和水源涵养优良的地方，生长期长，一般60~90年成材，是林木中寿星，最长者可逾千年。有资料称，贵州的一株楠木，专家鉴定已有1300年的历史。

竹溪古时为大庸国，公元前611年，楚庄王灭庸，大庸版图统一为楚。历史悠悠，风华赓续，遗存积淀，也风化消散。而楠木似乎也没有得到特别关照。③在竹溪的植物王国，她始于何时，不得而知。至少，晚近才有竹溪楠木成为皇宫客人，如同公主出嫁，走出深闺的记录。清代同治年间修纂的县志《古迹》中说："慈孝沟距县城六十余里，地势幽狭，两岸峭削，水出柿河。其地昔年多大木，前明修宫殿，曾采皇木于此。"但是，这"皇木"的采伐、进贡的细节和场景，多年来人们在不断寻找史料依据。后来，一处石崖诗碑的发现，"皇木"开采之事，得以确实。① 在竹溪南部鄂坪乡一个山沟，半个世纪前，村民偶然发现山头峭壁上字迹斑驳的石刻，考证出这与当年采"皇木"史实有关："采采皇木，入此幽谷，求之未得，于焉踯躅。采采皇木，入此幽谷，求之既得，奉之如玉。木既得矣，材既美矣，皇堂成矣，皇图巩矣。"此为嘉靖三十七年（1558年）光化县知县廖希夔所撰。当年，为修复故宫，皇宫下旨在南方找寻上好楠木，秦巴山区、汉水流域为其一选，近邻的光化县廖知县，受命一路西寻，在竹溪柿河一带的东湾村慈孝沟里找到。官差玉成，岂不快哉？欣喜之情，溢于言表，一则仿《诗经》的文字，赫然立于楠木的发现处，流传乡里。往事成了史迹，先民之功，后人敬仰，这诗、这石，不经意间留下了历史证词，也丰富了楠木故里景观的故事。而今这石刻已成为省级保护文物。

从那楠木丛林往下，有数百步陡峭的阶梯，缆车

❶ 此处引用史实记载，为楠木被奉为"皇木"提供了充分确凿有力的证据，增强了内容的说服力。

163

① 此处用词鲜明、准确、生动形象，颇具匠心，给读者以美感享受。

不必坐，徒步下去，正好体会自下而上瞻望的感觉。① 回头望，那片楠木林，高与天齐，而青黛如玉的树冠，在袅袅山风岚气中，如一片祥云，兀自飘然，无论春夏秋冬。

延伸思考

1. 本文为什么要用大篇幅来写楠木？

_____

_____

2. 本文为什么要多次引用诗文和诗碑？

_____

_____

彭山的高度

名师导读 ▶

　　王必胜散文善于通过平实的语言，带给读者真情实感，同时也善于引用数据增强文章的信服力，在不疾不徐、娓娓道来的笔触中让文章得到升华。

　　彭山，不是山，是四川眉州市的一个区名。古时称武阳，建制始于秦，至今已有 2300 多年历史。位于四川盆地西部、岷江中游，为成都平原半小时经济版图和生活圈所辐射。

　　①彭山辖区有一座高逾 600 米的彭祖山，古称彭亡山、彭女山，因 3000 年前的一位殷商时代的彭姓贤士而得名。这里传说是千古高寿贤人彭祖的栖息活动之地，也留下了诸多民间故事和史迹。

❶ 此段语言朴实，简洁流畅，紧扣主题，起到承上启下的作用。

165

彭山有山，也有水。滔滔岷江，悠悠锦江，逶迤千载，汇聚相挽，成为彭山的母亲河。钟灵毓秀，人文风华，铸就了彭山前世今生的江山风流。

一、厚生流韵长

泱泱中华文化史传中，彭祖是影响较大的长寿尊神，名彭铿，殷商时曾任守藏史，为彭姓国之祖。孔子、庄子、荀子等先秦哲人，曾有过关于彭祖的论述。① 《史记·楚世家》记载："彭祖氏，殷之时尝为侯伯，殷之末世灭彭祖氏。"传说他是徐州彭山人氏，后辗转于华夏数地，在岷江一带盘桓经年。动荡之时，流徙四方，致力养生，获得长寿之享。《庄子·逍遥游》中说："上古有大椿者，以八千岁为春，八千岁为秋……而彭祖乃今以久特闻。"另在《庄子·刻意》中，曾把他作为导引之士、"养形之人"的代表。屈原的《天问》中说"彭铿斟雉，帝何飨？受寿永多，夫何久长"，具体地说到他的日常生活之道。先秦之后，诸多道家、阴阳家、术士们心中的彭祖，长寿且养生，生活有范，文明达人，而汉时的刘向，直把他尊为"列仙"之一。典籍的记载，林林总总，后人缘此而奉他为养身厚生的神祇，也拜为"养生长寿第一人"。当然，也有拜他

❶ 此处引用了大量文献来对彭祖进行阐述，以厚重的文化底蕴来对彭祖的"养生长寿"加以证实和说明。

的学问、医术、文史等方面的成就所赐，而作为千古传诵的养生鼻祖、长寿之神，彭祖是一个响亮的符号。

史书中多记载彭祖在战乱之时，先避于闽，后在蜀地活动，流连于岷江边，眉州彭祖山一带。① 这是一个普通平原上的小山包，相对于川西巍巍山峰，只是一个水乡山丘。然而，这里有多处彭祖纪念场所，庙宇、祠堂、坟冢，虽为后世特别是宋以后所建，却延伸了一代贤达的精神生命。在群山环抱中，山与山之间形成一个天然的立体太极图像，更显出这方名人故地，厚重神奇。

彭祖山纪念园有一座高十多米的"寿"字巨型石碑，耸立天地间，赤褐色的宽大石雕，坚实如磐，恰似养生长寿之道的厚重沉实。或许，前后园林中，茂林修竹，清溪田舍，清静古朴，还原了当年养生长寿的原生状态，也昭示了当下人们对于厚生康养的关注。彭祖养生长寿的故事，被制作成各类大型牌子在园区陈列，吸引南来北往的拜谒者。那天，我们去拜访，说是"采气"之旅，新鲜之中略有不习惯，而每每来到彭祖山的访者，拜谒长者蔼蔼之风，采养生阳和之气，得长寿厚生之道，于是，这"采气"之说，庶几令来者欣然。

② 有意思的是，彭山人从流传的《彭祖经》中，归纳出"益寿源，增遐龄"的养生要诀，张扬"彭祖

❶ 此处语言虽平实不华丽，但是准确生动且真实地叙述出这方名人故地的厚重。

❷ 此处引用《彭祖经》养生要诀，简洁凝练地对彭祖的长寿秘籍进行阐述。

的长寿文化"。"昔彭祖，八百寿"，他的长寿秘籍，倡行天养、神养，也有膳食、身心调适的"导引"辅助，讲求阴阳和合，精气合适，身心相宜。一个远古的贤士，在零星的史料中，成为千年传说，也成为不尽话题，这正应了现代生活的多元与智性的追求，对生命本体的重视。徜徉在这个被认为北纬 32 度、出现过许多自然之秘的地方，体会有如阴阳太极图案的自然景观，想象着道家的养生、阴阳家的问丹求术，在人生的潜能激发和生命追求中，总是有一代一代先行者们的努力指引，得以增益、创获而完善的。回望这个并非高大的山丘上，那尊仁厚飘髯的远祖雕像，格外亲切，令人膜拜。

近年来，养生厚生已是这个长寿祖地平常人家的生活常态，成为传统风习，用当地朋友的话说，得到了"养生红利"。90 岁以上的老人"都不算寿星"。① 百十岁老人，在全区 32 万人口中就有 50 多位，因为这些基数，彭山被评为中国十大长寿之乡，据说这样的评定，要有定量的科学指标，进行大数据量化分析，保有可信度。最年长的寿星，在三年前是 112 岁的罗学明女士。我们到江口古镇上，一户老房子紧邻岷江岸，二楼窗台可观岷江、锦江的"双江汇流"。正巧见两位

❶ 此处以量化分析得出的科学数据为彭山被评为中国十大长寿之乡增加说服力。

老人悠闲地挨坐着，似入定老僧。① 一位老婆婆不时地回答提问，才知已是 97 高龄。她还麻利地接过递上的香烟，抽了起来。陪他们的房主说，那一位老爷子也是 93 岁了，身子还硬朗，饮食上不挑剔。从面相上看，真不像如此高龄老者，人们啧啧称奇。这些彭祖荫庇下的高寿乡亲，秉承先祖的生活理念，闲适顺生，享受大自然，延续着长寿厚生的传统，得到了回报。

② 彭祖祠前有一副对联：道道非常道，生生即永生。或许，从不一样的角度，诠释生活之道、生命要诀：在平常之中，见出非常，生生不已，才有所获。或者是：不同寻常，方见奇伟；生生如斯，得以天年。玄妙的哲理表述，仁智互见，而不凡的人生意义，留住了我们的脚步。

山不在高，有仙则名。小小彭祖山，是不可忽视的。

二、孝文诵千古

③ 或许我们都有这样的感受，年少时读古文，能记住的只是故事，感人的或与自己成长有关的故事。稍长后，才去体会作者为何写来，才关心作者是谁。造访彭山，方知中学时读到的李密《陈情表》，作者是彭山人，这里是故事的发生地。1700 多年前，一篇不同

❶ 此处通过描述老婆婆的动作行为，使人物形象突出，为彭山老人的长寿增强说服力。

❷ 此处恰到好处地结合对联，表达作者观点，升华思想，引发读者思考。

❸ 此处直抒胸臆的开头阐明作者观点，同时自然地引出下文中介绍的重点人物李密。

寻常的文字，自清代的《古文观止》收入后，流芳百代，至今仍在各种教科书中出现。

❶ 此处简明扼要地介绍李密故土正是彭山，以李密的事迹紧扣主题进行发散。

① 彭山保胜乡的龙安村，是蜀汉西晋的尚书郎李密的故土。幼失怙，母改嫁，祖孙依偎，"茕茕孑立，形影相吊"，清苦日子，对于小小的李密，有着多么大的承担。于困厄之中，他以一纸陈情，写下了千古孝道文字。

李密初为蜀汉官吏，后时势动荡，返乡侍亲，前朝遗臣，被邀新职，不得不听从，可老祖刘氏风烛残年，两难之间，后坚辞不仕，为伺候九十有六的祖母，进言陈情。于是，有了这至情至义的感人文字："刘（祖母）日薄西山，气息奄奄，人命危浅，朝不虑夕。臣无祖母，无以至今日，祖母无臣，无以终余年。"他直抒胸臆，直陈困苦，款款深情，拳拳孝心，如泣如诉，感天动地。"乌鸟私情，愿乞终养"，孝义感恩，知恩图报，李密为人之典范。为报答祖母恩，放弃官职，而为了回报朝廷知遇之恩，写下了"生当陨首，死当结草"的誓言。

他以孝义之举，千百年来为人敬慕。宋代学者赵与时说，读诸葛孔明《出师表》而不堕泪者，其人必不忠；读李令伯《陈情表》而不堕泪者，其人必不孝。

此说虽不无主观，却也是古人对于大孝之举的极高褒赞。① 因为李密的文字触动了人生情感隐秘敏感的"痛点"——亲情和孝义，这区区不到六百字的陈情恳请之书，被誉为"千古情感第一文"，名实相副。

李密出生地是一个四面环山的小村，宋时这里建有龙门寺，后几经损毁修复。每在清明或年节，香火不断。人们拜谒孝心高义的李密，为他的精神所感召。② 在龙安寺后面，有一个长约 200 米的悬崖石刻，镌刻着《陈情表》。笔力雄健，椎心泣血的文字，穿越旷世时空，守护着作者乡梓，成为彭山张扬孝义文化的绝唱。

近年来，彭山市着力打造忠孝文化，倡行孝德人伦，挖掘孝义史实，讲述忠烈孝义文化的当代意义。早于李密的东汉时张纲，曾为朝廷御史，也是彭山人。他在任上，外戚专横，陷害忠良，危邦乱国。张纲不顾个人安危，上书弹劾贪官，不惧打击报复，最后任广陵太守，智取邪恶，保一方安宁。③ "息干戈之役，济蒸庶之困。"英年殁，"百姓老幼相携，赴哀者不可胜数"（《后汉书·张纲传》）。彭山不同时期的两个孝义忠烈，风范人伦，百姓口口相传。

就此一篇至情文字，李密可以说是史上情感文字

❶ 此处用平实的文字将李密文字中蕴藏的亲情和孝义点出，道明《陈情表》为什么能获得非常高的评价，让人信服。

❷ 此处用"笔力雄健""椎心泣血"等简明扼要的词语，以石刻《陈情表》的实物，进一步表达了人们对李密的敬慕之情。

❸ 此处引用史籍，使文中所陈述的关于张纲的忠烈故事更具有真实性和说服力。

的大家。宋代李清照之父李格非认为，《陈情表》与孔明的《出师表》（此与前说的宋代另一人赵与时的评论不同），刘伶的《酒德颂》，陶潜的《归去来兮辞》，"皆沛然从肺腑中流出，殊不见斧凿痕，是数君子在后汉之末两晋之间，初未尝以文章名世，而其意超迈如此"。

意蕴超迈，自然天成。这是作文的高标格。也有论者说，李密文字可以当作"较早的抒情散文"。散文的滥觞，是在人们的交往和友情日益活跃，成为可能之后，在不经意处写日常，从个人的命运情怀中抒发心志，描绘事相，诠释事理。散文的源头多是纪事说理，写人纪史，而抒发情感，陈诉衷肠，则是散文发展之后渐次出现的。如李格非所言，肺腑中流出，不着斧痕，至性至情。可以说，自李密的陈情文字始，情感文字有了新生面。如是，一篇不同凡响的《陈情表》，显示了李密作为抒情文字的宗师面貌，也为彭山以至眉山的文脉，增添了精彩一笔。

❶ 此处"高度"一词，一语双关，升华了文章主题，并赋予了彭山文化深刻的底蕴与内涵。

　　① 彭山的高度，不乏文学的高度。

延伸思考

1. 本文用彭山的高度做题目想要表达的是什么意思？

_____

_____

2. 为什么彭山被评为中国十大长寿之乡？

_____

_____

清流啊，清流

名师导读 ▶

　　王必胜的散文，擅长引用各类名家书目、佳句，展示出作者深厚的文化底蕴和文心斑斓，同时擅长环境描写，将自己的思想藏敛在和风细雨的语言中，显示出作者独特的散文品味。

　　这是南方众多绿水环绕、田园阡陌的一个乡镇，是川西平原上有特色的古镇。她有一个不同寻常的名字：清流。

　　那天，下榻的地方叫活水园，像是农家庭院，名字好听也好记。[1] 园中水塘清幽，周遭一圈有操场跑道的长度，亭台楼阁，杨柳鹅黄，大白玉兰高举，倒影绰约。傍晚住下，细雨淅沥，一池活水，仿佛为干

❶ 此处运用环境描写，渲染了作者下榻居住环境的优美宁静。

燥北方过来的我们洗尘。住地虽不在清流镇上，枕着小小水塘，闻听溪流吟唱，邻村有鸡狗和鸣，感受南国春天的惬意。

清晨去看梨花，小雨时有时无，来到清流镇黄龙千亩梨园，"泉映梨花，自在清流"几个大字，吸人眼球，文雅句工，寓意深藏。清凉的风，夹着丝丝细雨，吹面不寒。眼前，①<u>梨园广袤，五瓣白色梨花，绽开枝头，水灵生动，也有绿叶托起的骨朵，含苞待放。</u>一沟一畦，累累树<u>丛</u>，疏密有致。清流镇种植梨树凡80多年，近年着力打造黄龙梨园等处特色景区，形成偌大的"梨花原"，以原名之，可见其规模阵势。盛花时节，十数万株梨树妆成白色海洋，恰似"忽如一夜春风来，千树万树梨花开"古诗意象。因清流的地下泉水丰富，梨果口感好，其优质品种是宝石梨、黄金梨，市场知名度高，而每年一度的梨花节，主打文化旅游，搞观光农业，成为清流的一件盛事。

登上观景台，天地间白花争艳，蔚为"花原"大观。②<u>近看，树龄多为五六年栽，每棵树上又分出数个枝条，枝干褐色，五瓣白花中夹有细如芝麻状的黑花芯，白包黑，淡雅粉嫩。</u>对于梨花，我有天然爱好，不妖不艳，素雅俏丽，是花中朴实的君子。梨树多是三年挂

❶ 此处对眼前梨花的细节描写鲜明、生动，使文章充满美感，增强了可读性。

❷ 此处对梨树的描写细致入微，进一步表现出作者对梨花的喜爱之情。

果，属于收成快的果树。清流镇千亩梨花园，融产业、观光于一体，以梨花为媒，唱响"泉映梨花"的大戏，连续举办了六届梨花节，声名也渐渐远扬。

穿行梨花园，一座建筑格外瞩目，这是清流"文创园"。清流历史久远，可以追溯北宋神宗元丰年间，是为西蜀古镇。悠久的历史，丰富的生态，淳朴的民风，优渥的物产，吸引了有梦想的年轻人。一个3000平方米的旧劳保制品厂房，改造成全新理念的"文化创意园"。大棚式的车间，变为温馨别致的工作坊。10多人的小团队，多90后青年，相同抱负，共同理想，有地方政府支持，决心在乡村创业。经过调研论证，确定了"清流文创"的理念——打造美丽乡村，开发传统文化和清流文创产品，培养新的文化业态，吸引众多青年创业者，提升百姓的文化生活。① 不到两年时间，"清流造"初见成效：泉水梨、苦瓜茶、手提袋、梨花饼、清流醇等文创产品相继问世。他们与成都高校合作，文创产品向传统民间艺术发展。同外面热闹的"梨花原"上熙熙攘攘的人流相比，这里不免有些冷寂，然而，听他们介绍，看他们坚定的目光，加上知识的优势，相信他们的目标一定能实现。祝福他们。

❶ 此处用列举文创产品的方式，简明扼要地将"清流造"的成效展示出来。

也许是这样的理念引领，集旅游、休闲、娱乐、文化于一体的民宿"三色坊"，文人雅士的沙龙式庭院"清流苑""大书房"等，渐成规模。绿荫掩映的青白江畔，一座雅致院落正在装修，书房有近万册藏书。在田园山水中创设一个静心阅读的地方，让书房成为大众的精神绿地，这个创意，是近年来清流镇振兴乡村的一个有意义的举措。振兴乡村，文化造势、借力，镇里请来名人，利用高端资源，在青山绿水中飘飞书香，提升文化品位，让乡村文化融入现代生活中，无疑是新农村建设的正路。①镇上书记肖玉华说，"文创清流"，惠民生，接地气，亲近自然，这也让我们工作有了新的思路，提振了精气神。

❶ 此处引用镇书记的话，肯定了上文中"清流"的"文创"发展，对"清流"当地的新农建设给予了肯定。

清流在古时泉眼多，庄稼地也多是泉水灌溉，曾有"四百眼泉水成清流"之说。现知名的就有黄龙泉、汤家泉、佛陀寺泉、乌木泉等10处。翠云村的乌木泉景区，因当年挖出阴沉木，泉水甘甜远近闻名。汩汩泉水，在村头流出一方水塘，水中荷萍参差，小舟自横。塘边芳草萋萋的湿地，小径蜿蜒，直通油菜花田头。②正午阳光下，熙熙攘攘的游人争相品尝泉水，嬉戏的孩童，男女赛车手，休闲的村民，组合了一幅热闹的水乡图。乌木泉旁，一株高十多米的"乌木树"，直

❷ 此处通过对游人、乌木树的描写，气氛渲染恰到好处，对清流景色的悠闲与美丽作了细腻传神的刻画。

插天穹，远远望去，古意幽然，又像雄壮的武士，守护着清水田园的安宁。

泉映梨花，绿意葱茏；清明和顺，文采风流，或可作为这梨园风景的注脚，也可为清流二字的语义诠释。前一句是当地官宣词，后二句是我拆文藏字的戏言。在清流，多次问及名字来历。有说，古时候地名，流传至今，也有说因丰水之乡，清水长流，其意寄寓一种期待，或许后一说贴近本义。循名责实，找不出答案，不免展开想象。① 想象着，这清流的引申义，古时官人的行为政绩、文人的口碑行状，被认可、被传诵，就有了清流之谓。所以，清流雅望，清流濯缨，是正直、清纯的品格，是君子之风，为历来有识者所崇奉。顾炎武的赠诗中就有"读书通大义，立志冠清流"之句。清流一词，其社会内涵，在当下很有现实意义的，可看作对一种正能量精神的期许和向往，也不妨作为我们认知她的一个路向。

可以说，清流，清流，清明和顺，文采风流。这个注解，也是从那些青春热血的创业志向，那老一代文化大家的成就，生发的联想。② 所谓文采，是说清流镇，包括新都区一带丰厚的历史文化，也是送给出生于本地的现代著名文学家，被誉为现代"流浪汉文

❶ 此处通过对"清流"自古以来的含义作引申，为地名赋予正能量的精神内涵。

❷ 此处通过对"文采"的阐述，起到承上启下的作用，自然而然地引入下文对艾芜先生的生平介绍。

学之父"的艾芜先生的。他在多年的创作生涯中，有长篇小说、散文、剧本等，计千万多字作品。他22岁从家乡出发，南行中缅边境，漂流到南洋。后回国，走重庆，到桂林、厦门，去上海，参加左联，与沙汀联名写信鲁迅求教小说创作，并得到重视。新中国成立后又多次南行，为当代文学奉献了流浪题材的佳作。他的处女作《南行记》是最早反映滇缅边境底层生活的作品。在当代文学史上，沙汀与艾芜，是常被同时提及的文学双璧。

坐落在翠云村的艾芜纪念馆（故居），青砖黛瓦四合院，简洁朴素，大方雅致。因刚建不久，陈设稍嫌简单。那些图片、实物、图书，那些故旧交谊和故乡情感，将一个真挚的文心，一个历经磨难、初心不改的文学大家、故乡赤子，充分地再现。① 巴金先生的信件，鲁迅先生回信评价他是"中国最有希望的作家之一"的史实，他的名言② "人应该像河一样，流着，流着，不住地向前流着，像河一样歌着，唱着，笑着，欢乐着，勇敢地走在这条坎坷不平、充满荆棘的路上"的语录，一一展示。家乡的风情、亲友的深情，故乡人的坚韧性格，在他的作品特别是散文中有生动地表现，他把人生的磨砺，对理想的追求，改变命运的强烈愿望，

① 此处引用名人对艾芜先生的评价，增强了艾芜先生在文学上的成就的信服力。

② 此处引用艾芜先生的作品名言，是后面对他作品所呈现的精神的生动写照。

179

倾注在笔端。他的作品深受劳动者和底层人民的喜爱。故乡的人们在他的故居修建纪念地，并出版了纪念文集和《艾芜研究》丛书，让清流走出去的一代文学大家，文学成绩高扬，文学精神照拂故乡大地。

① 与清流毗邻的"桂湖"，是明代大文豪杨升庵的故居，国家重点文保单位。杨升庵原名杨慎，是明代三大才子（另为解缙、徐渭）之首，一阕《临江仙》"滚滚长江东逝水，浪花淘尽英雄"，流芳后人。他是有明一代，在文学、散曲、经学、医书、史志多方面的集大成者，著作 400 多种，清《四库全书》收入了他的著作 43 种。② 除了闻名的《临江仙》之外，他的《西江月》"弹词"，曾是冯梦龙小说《东周列国志》的开篇词。他一生坎坷，正直刚烈，敢披鳞犯上，被明世宗流放滇南 30 多年。在滇南潜心著述，仍关注民生，用诗文痛斥庸吏的不端，仅为治理滇池水害，减轻徭役，他写有《滇池涸》《海口行》等诗文。杨慎的父亲杨廷和，也为明相，任吏部尚书。③ 杨家家风严明，在桂园的陈列物中，几代人的孝义清廉，其中"四重"家训为其代表："家人重执业，家产重量出。家礼重敦伦，家法重教育。"桂湖的门匾上有"清白丹心"的题字，是对他一生的评价。为此,2018 年,杨升庵诞生 530 年,

❶ 此处以"桂湖"即明代大文豪杨升庵的故居被列为国家重点文保单位为例，陈述事实的同时从侧面对清流文化底蕴作了肯定。

❷ 此处作者罗列出《临江仙》《西江月》《滇池涸》《海口行》等诗文名称，对杨升庵之所以被称为明代大文豪予以佐证。

❸ 此处引用杨家家风，是几代人的孝义清廉传承，以此展示出桂园能成为国家重点文保单位的必然性。

成都美术界创作一幅长达 12 米的《清白与丹心》人物
画,是对他一生清廉正直、治国齐家的致敬。清白一生,
丹心一片;先师表率,后世敬仰。

延伸思考

1.本文中的"清流文创"如何促进乡村振兴?

_____

_____

2.本文对清流注解为"清明和顺,文采风流",这里的文采是什么意思?

_____

_____

球迷 W

名师导读▶

王必胜的散文语言不乏诙谐幽默，且善用排比，本文所刻画的人物球迷 W，入木三分，让人印象深刻。

W 已年逾不惑，对新东西保持热情，也好奇，这不，不知是何时何处何事何因，就糊里糊涂地当上了足球迷，虽够不上级别，顶多算个爱好者，可毕竟入了球党，每每有够点档次、像点名堂的赛事转播，这位仁兄总爱守着电视激动一番。说不上是性子使然，还是受人蛊惑？足球是世界性的体育大项目，据说，它的观众和爱好者为世界各类竞技比赛之最。有女人也曾戏言，不爱好足球的男人就不是个真男人。[1]W 暗想，这爱好之意可作

❶ 此处以排比句式，对爱好足球的多种理解加以说明和举例。

多解。会踢上几脚，算；能说出绿茵名角的子丑寅卯来，算；摆活什么越位、盘带、十二码等行话伪行话的，也算。会踢球的和好看球的，都是爱好者一族。须眉七尺，谁人不愿多些壮士豪气？当然，W 君本人并非因了这激将才故做丈夫状的。想当初，在谈恋爱前 W 就有过爱好体育的前科。只是那年头没有像样的赛事，也不像现在动辄就坐在家中借方寸荧屏纵览球场风云，[1] 阅尽明星丰采，品烟煮酒论英雄，不亦快哉乐乎？ W 之迷足球，属无师自通者一类，说来其实也不甚够格，好在水平是会发展的，知人论世，要看到进步，要看到光明，要提高勇气，这是哲人说的，W 如是想。

1994 年美利坚世界杯之战，正是流火之夏日，彼岸阳光灿烂，此地凌晨时分，然痴迷者如 W，不畏睡意遮望眼，不惮昏昏复聩聩，心想，四年一遇，机不可失。于是，早早在前一天，W 就买来电视转播预告的报纸，排座次，圈名星，算计输赢实力如同清点腰间钱匣，又拾掇电视天线，未雨绸缪。首场开赛，墨西哥裁判哨声一响，W 觉得好像这世界从此就光明辉煌了许多。两眼紧盯方寸荧屏，生怕落下一个镜头，其情其景，欢然喜然。反观邻里世界，一片寂然。W 想这些土老帽，保不准是看些小市民趣味的肥皂剧，俗也，俗也。颇一

❶ 此处以诙谐幽默的笔触，用古今结合的语调增添文章的可读趣味。

❶ 此处使用反复的手法,用两个"不可思议"表达出W对邻居无法理解的强烈情感。

❷ 此处对W的动作、心理等描写,展现出W作为球迷的痴狂状态。

❸ 此处一个设问,一个反问,都肯定地表现出W对足球的喜爱之情。

副世人皆睡我独醒的自得。又兀自喃喃:邻居那厮空长一副身架,不会踢球,连世界杯大赛也不感兴趣,^① 不可思议! 不可思议! 遂直瞪瞪盯着那小小皮球,又似觉这世界最男子汉者非老生莫是也。倏忽,德国头号杀手克林斯曼带球突入禁区,其动作之迅疾,如上弦之箭。^② 场上气氛如煮沸大锅,W跟着又壮怀激烈起来。彼岸克氏一脚破门,这边球迷W欣喜若狂,兴冲冲忙活着找支烟卷点上庆祝。这真叫世界波,精彩绝伦,W想,这场面只有吼上两嗓方才释怀,无奈周围世界太安静,W惝惝怅怅。赛事瞬息万变,各路英豪身手不凡,W热血沸腾,窃想一人观战也太平淡,几欲叫醒稚子,那小W也因了老父的言传身教正在培养中,无奈暑期考试在即,唯恐因小失大,夫人白眼,未敢造次。复归一人观战。

几天下来,W为非洲黑马喀麦隆威猛凌厉击节过,为马纳多拉重振雄风激动过,为意大利而失去王者气象而叹息过,为荷兰人无冕之王……年过不惑的W,本不该轻易激动,W想也是,^③ 为那只小皮球,值吗? 可又想四年一遇,人生能有几个四年,这怕是最后的激动了,人不就是这么点业余爱好吗? 于是不管不顾,兀自又坦然,激动如初。又是几天下来,十数场球事,

24 强全部亮相，W 起早贪黑受苦受累却如饮甘饴。忽一日，球赛已开战，电视转播所谓主持还在废话不断，啰里吧嗦。W 大为光火，心想非要代表广大球迷上书报社电台出口气不可。尤令 W 不能容忍的是，本来好精彩的场面被播音员"好险啊""射门"等废话、车轱辘话和不得要领的评论，煞了风景。[①]W 气急败坏，要上书国际足联，建议举行电视转播员的培训班，也不顾精彩赛事，立马抽笔展纸，从文化素质、观众意识、专业知识等方面对体育播音员提出要求。写好状子后，向何处投递，他作了难。忽然 W 想起曾在一张报纸上见过国际足联的地址，将那一大堆报纸抱来，胡乱翻看着。不承想，此场球赛已告终，每天出来的那位不令人欢迎的主持又拘谨地在那里废话。W 苦笑，无可奈何地"啪"关上了电视。以后几天，W 故意地把电视声音拧到最低。W 自嘲是看哑巴电视。如此这般，心里才平和一些。

❶ 此处以 W 一系列表达自己对电视转播员不满意的行为，进一步凸显出他将足球作为兴趣爱好的狂热程度。

作者是如何塑造球迷 W 的形象的？

_____

_____

手机微信的启示

▌名师导读 ▶

　　王必胜的散文善于运用设问、比喻等修辞手法来使文章生动活泼，充满可读性和趣味性。本文选题贴近生活实际，从人们日常所熟悉的事物着手，吸引读者兴趣，引起读者共鸣。

---

　　①我自忖也算个新生事物接受者，并不太落伍于时尚什么的，虽然使用手机是在 1997 年 4 月，那次在广州，朋友说那里便宜，就带回一个黑乎乎的"诺基亚"，第二天就在单位附近小店里选了号（那时全是"1390"开头，众多小店也可上号），用上手机一晃近 20 年。近几年，手机功能一天一个样，这微信已成为时尚，起先于我不

❶ 此处对手机"黑乎乎"的形容，以及"我"看似随意的选号，和"用上手机一晃近 20 年"形成鲜明对比，欲扬先抑。

① 此处用简洁对仗的词语，概括精练地词句将微信功能描述出来，表现出作者对微信的兴趣和喜爱之情。

② 此处作者通过设问提出问题，对接下来将要阐述的内容予以强调。

太有兴趣，有一搭无一搭的。最近手机升级用上微信，只是个潜水员，但觉得这劳什子可人，了解资讯，基本不用看电视、读报纸、听电台。①掌上浏览，方寸之间，随时、随地、及时、即时，查资料，看新闻，知晓天下，搜寻古今，或者有点八卦、乌龙什么，轻松愉悦，不亦乐乎。与人联系，快捷方便，偶尔看一下朋友圈，各路神仙的行迹什么，五花八门，各位亲们晒台上的自恋自嘲自炫，不一而足。择优点赞，或当看客，显山不露水，很是好玩。间或有好文章，读得脑涨眼酸，觉得有意思，拍照留存。于我们，这手机微信的出现，不只是一个信息源，也延伸了阅读空间，或者说，新的技术，带给我们的写作与阅读以很大变化，意义不凡。

说这些，是因这一年一度的散文年选。②面对海量的散文作品，我们如何在手机时代的快阅读，分众化的阅读中，认知当下的散文以至文学呢？即是说，手机的流行，微信的横空出世，从以上角度看，对新闻已经是横刀夺爱了，而对文学，不像新闻具有颠覆性的影响，但也影响强烈，至少对于散文，有不小的触动。微信的许多内容，也可作为散文看待，微信的情感表达和交流方式，可以让文学的阅读变得更便捷、更实用。

微信，是不是散文，也许仁智互见，各自有理。但是，微信的直接、简洁、直率、真切，以及流播之广之迅疾，是不争的事实。对于散文这样精练和短小的文体样式，它较为自然而快捷地融会，利用新技术传播，让文字插上翅膀，轻舞飞翔。① 在我看来，高雅的文学放下身段变得流行，无远弗届，成为人们实时交流的一个平台，这微信功莫大焉。微信中的或长或短文字，即兴而作，片断感受、零星述怀，或现场实录，或不乏自我的炫耀搞笑，随意地发散在朋友圈中，见事理，见性情，也见智识。由此想到，除了内容的随性、自由、轻松外，文字的精练和精粹，写作的自由放松，也是它有别于那些正襟危坐的文字的地方。

② 有人说，微信虽小，方寸中有乾坤，是散文世界里一方邮票、一则团扇。从时下散文阅读的角度看，手机微信，是一个潜在的散文世界。也许多年后，文学的文本变得如何，不得而知，但是，新的技术，对于文学的影响会是层出不穷，不可小觑的。如今，面对发展变化了的阅读，文学摒弃那些高大上的文字，被人诟病的虚伪虚假的文字，多一些灵性、性情，接地气，有烟火味的东西，学一学微信，是有益也有意义的。尤其是与其天然亲近的散文。

❶ 此处用拟人手法形容文学，表达了作者认为微信促进文学发展的观点。

❷ 此处将微信比喻为邮票、团扇，显示出微信的小，但同时又肯定了它的精练，具有散文浓缩了的不失优雅的高雅。

189

延伸思考

1. 本文作者对于手机微信的出现是如何看待的?

_____

_____

2. 本文中作者对微信是不是散文持什么样的观点?

_____

_____

唯美卢塞恩

名师导读 ▶

　　王必胜的散文善于运用数据来增强文章的真实性和说服力，条理清晰，层次分明，充满理性思维，但其文字不乏细致的描写和生动活泼的刻画，使文章兼具内外之美。

　　美丽是没有说法的。魅力是无所谓大小的。

　　①当每年的游客熙熙攘攘，达百万计涌向这里的时候，卢塞恩，这个面积仅 7 万平方公里，人口约 40 万的瑞士高原小城，不能不让人探究其魅力和美丽之所在。

　　人间四月天，这里是"春的盛宴"。从苏黎世坐火车，个把小时的车程。②沿途，大片的黄色野菊灿烂绽放，

❶ 此处以"百万计"的游客，和卢塞恩的面积、人口形成鲜明对比，引起读者好奇，想要一探下文究竟。

❷ 此处由近及远地将卢塞恩的景色，像一幅生动的风景画一样展示在读者眼前。

与绿草相映；河水清澈，一个个静静的湖与各式尖顶独立的小木屋在山坡草地绿树中显现，偶见湖上有水鸟和垂钓者共乐。远处阿尔卑斯山雪山剪影，影影绰绰，交织成一幅静谧的图画。遍地葱茏，生气淋漓，造物主向来访者展示了偌大的风景画。

古老的火车站前，就是闻名的卢塞恩湖。正午的阳光有点刺目，却感到水汽氤氲，一汪蓝蓝的湖水在微风中轻轻拍岸。从车流中看去，城市的名片——廊桥与灯塔，清晰可见。^①远处山坡上，欧式特有的双尖顶教堂，近处河湖旁，一排排古雅而整齐的街道，和茂密高大的七叶树，还有与人们嬉戏的鸽子、白鹅，簇拥着这个山水古城。这就是卢塞恩，自然恬静，生态纯美。

卢塞恩，我国港台地区又译成琉森，拉丁文是"灯"的意思。古罗马时期，这里只是一个小渔村，为了给过往的船只导航，修建了一个灯塔，因而得名。卢塞恩于 1178 年建城，1386 年与其周围地区组成了瑞士的一个州。18 世纪时曾为瑞士当时的首都。

城里名胜数灯塔旁边的卡佩尔桥最为耀眼。^②它建于 1333 年，长 200 余米，其木桥结构有如我们常见的廊桥。桥的顶部绘有 110 幅三角形的反映城市历

❶ 此处既描写了远处的山坡和教堂，又描写了近处的街道、树木、鸽子、白鹅，层次分明，条理清晰地将卢塞恩的美展示出来。

❷ 此处，用"1333年""200 余米""110 幅"等一系列数据，展示出卡佩尔桥的深厚历史渊源，增强文章的信服力。

史和人物故事的彩画。据称，瑞士著名的巧克力品牌
Toblerone 的三角形设计灵感就来自这些画。每年春天，
桥上鲜花垂吊，灿烂绚丽，花映水中，也称花桥一景。
可惜 20 年前，不幸被大火所毁，后经重建恢复了原样。
与其比邻的八角形水塔，是 400 年前建造的，而今仍
雄峙水中。这一桥一塔，成为卢塞恩名片，在各类宣
传资料中赫然为城市的象征。

　　① 美丽总是与文化结缘。当年，这个欧洲蕞尔小城，
多有一些文化名人光顾。作家列夫·托尔斯泰、雨果、
歌德、马克·吐温，音乐家瓦格纳，哲学家尼采、叔
本华等，曾流连于此。托尔斯泰、雨果还写过有关卢
塞恩的文章。歌德曾待过的希尔广场，雨果在罗伊斯
北岸的居住地，曾辟为博物馆。音乐家瓦格纳在这里
完成了他的几部传世之作，卢塞恩湖边的博物馆存有
他的作品真迹。而法国作家大仲马更是以"世界最美
的蚌壳中的明珠"称誉卢塞恩。

　　曾经作为瑞士首都的卢塞恩，悠久的文化历史，刻
镂了一卷卷厚重的史书：石板路、古旧的街道和商铺，
记录着昔日的荣光。后街山坡有一个"狮子纪念碑"，
由丹麦雕刻家特尔巴尔森设计。这是为纪念在 1792 年
8 月 10 日，为保护法国国王路易十六家族的安全而牺

❶ 此句起到总领
作用，将美与文化
关联起来，并引出
下文一系列名家与
卢塞恩的关系加以
佐证。

牲的 786 名瑞士雇佣兵。纪念碑在一面坚硬的石壁上凿洞雕刻。一头中箭垂死的狮子奄奄一息地躺卧着，断箭头凸出在肩背上，皱着眉头，微张着嘴巴，隔着一方水池仿佛也能听到它的喘息。垂死的雄狮不无悲壮，却显示着力与美。作为一件栩栩如生的雕刻杰作，它声名远扬。马克·吐温曾称赞道：① 它的头低垂着，断裂的矛尖仍在它的肩头；它的一只爪子按在法国皇家纹章的鸢尾花上，似乎以此来保护自己。

❶ 此处引用马克·吐温的称赞，对前文关于"狮子纪念碑"的描述予以肯定和小结。

当年的老旧市政府，现在是一个公寓，而上面斑驳的壁画，展示了当年艺术的成就，吸引游人驻足。还有，百年老店宝齐莱的钟表销售，在川流不息的不同肤色的来客中，成为一个美丽的风景。

卢塞恩是闻名于世的音乐之都，其夏季艺术节是世界著名的几大艺术节之一。卢塞恩文化和艺术中心屹立在湖边。② 这座建筑是由法国杰出的建筑设计师 Jean Nouvel 设计的，巧妙地把湖水引入大厅。人们在观赏艺术的同时亲近着自然，其设计理念，让人叹为观止。

❷ 此处没有卖关子，而是一目了然地将艺术中心建筑的"巧妙地把湖水引入了大厅"的特点陈述出来，让读者迅速了解建筑的设计理念。

乐山乐水，亲近大自然，人类共性，而自然物件中，水和树是至为重要的，当热情的绿树和柔软的湖水就在你的脚下，优游于你的身边时，你是何种的感受啊！

眼下，这两件东西，恰就是卢塞恩最奢侈的。^① 长约
35 公里，最宽处有 2 公里的卢塞恩湖，犹如瑞士高山
湖中的美妇，而邻近皮拉图斯雪山和罗伊斯河，使湖
水得到了补养和净化。

从市中心坐车或坐船半小时行程，就可到布尔根
施托克，一个著名的山峰。她三面临湖，是一个已有
百年的开发史的半岛。坐在高山会所往下看，满眼青
翠的植被，簇拥一大片蓝色的湖面，游轮历历可见，
草坪上各色花伞和帐篷，美丽夺目。这里有 100 多年
前建成的休闲会所。1954 年，美国当红女影星奥黛
丽·赫本曾在山上的教堂举行婚礼，曾在这里居住数
月。湖边直立而上的一架百年历史的老电梯，来往高
度达到 153 米，仍然执行着从渡轮上运输游人的任务。
宾馆的雕塑和壁画，展示了中世纪的风格，走廊天花
板的檩条上，刻有不同时期来过此的名人姓名。^② 这
些独特的遗迹，成为这块山峰自然景色中的一个灵魂。
保护历史，同时利用自然，让环境为现代人的生存服务，
这是现代城市的管理者们发展城市文化的理念。现在，
山头修建了宽广的公路，一些古老建筑也在维修中。

当然，生态环境的守护，是卢塞恩人最为自觉而
平凡的事。离这里七八十公里的恩特雷布赫，是瑞士

❶ 此处将卢塞恩
湖形象地比喻为高
山湖中的美妇，带
来美好的感受，启
发读者想象。

❷ 此处将遗迹比
喻为"灵魂"，让
遗迹不再是冰冷的
雕塑、壁画、天花
板，而赋予其承载
的历史沉淀。

唯一的联合国自然保护生物圈，面积约有 44 平方公里。根据不同功能，划为三个保护区：重点保护、开发利用和一般管理区。从卢塞恩坐火车一小时，可到开发利用地区。^①绿草黄花的山坡上，圈养的水牛悠闲地啃着花草，两层高的牧民居家木屋，随意地分布在空旷的草地山坡，小路隐身在花草丛中，一派生物圈保护地特有的景观。

生态、自然与人文，艺术、历史与宗教，一个包罗了万千气象之美的城市，唯其如此，卢塞恩，魅力与声名岂是了得。

❶ 此处描写了卢塞恩的自然保护生物圈的开发利用地区的景观，用词精准，"圈养""悠闲""随意"都展示出生物圈保护地的特点。

延伸思考

1. 本文所介绍的卢塞恩名片是指什么？

_____

_____

2. 本文所提到的现代发展城市文化的理念是什么？

_____

_____

★参考答案★

第一辑 停不下的脚步

【汉水的襄阳】

1.①因为王维的诗是对襄阳最朴实、最热情的褒奖。②王维的诗引发了作者对襄阳更为真切的感受，以此统领全文。③以此诗引出要描写的重点——汉水的襄阳。

解析：本题考查学生对诗文的理解分析的能力。这类题一般先从诗句的含义分析，再结合文章的描写对象，以及在文中的作用来作答此题。从王维的诗中可了解到本文要描写的对象是襄阳，也从诗中表达出了对襄阳的赞美，通过诗引出读者来感受真实的襄阳，起到统领全文的作用。

2.此句运用比喻的手法，把一个城市有充沛的活水资源比喻为人体有了经脉气血的畅通；把一个城市有了悠久的历史文化沉淀比喻为人有了颜面风华的雅致。生动形象地强调了一个城市有充沛的活水资源和悠久的历史文化沉淀的重要性。

解析：本题考查学生对段落句子的理解分析的能力。这类题要通读整个段落，从中找到关键词，然后分析句子的成分，判断它的修辞方法等。从③段中"犹如"可判断出是运用了比喻的修辞方法。把活水资源比喻人体的经脉气血的畅通；把历史文化的沉淀比喻人的颜面风华的雅致，生动具体地描写出活水资源和悠久的历史文化沉淀对于一个城市的重要性。

3. 在叙述中运用了引用的方法，多处引用唐诗名句，一是丰富了文章的内容，充分表明了唐诗文化之于汉水这一观点；二是能引起读者的情感共鸣，增加文章的文采。

解析：本题考查学生对文章文本结构，表现手法的分析理解能力。分析文章表现手法，语句在文中的作用，先要通读全文，知其意图，再解读在文本中的作用。通读全文发现文中多处在叙述中引用唐诗或名句，一是告诉读者唐诗文化在汉水有着悠久的历史沉淀；二是增添文章的语言文采，让读者在诗文化中更准确地感受作者表达的情感。

4. ①有优越的地理位置，汉江穿襄阳城而过，有充沛的活水资源。②悠久的历史文化沉淀，源远流长的江河文化，瑰丽多彩的诗文华章。③一处处历史古迹，显现出襄阳城市文化的悠远深厚。

解析：本题考查学生对文章整体感知，各段落内容概括提取信息的能力。从题干中得知要结合全文从每个段落提取关键字或句子进行概括。从④段可以分析出汉江地理位置很优越重要，且有充沛的活水资源；从⑤⑥段中可分析出汉江有着深厚的历史文化底蕴和源远流长的江河文化；从⑦段中可分析出在襄阳城的古迹中看到了襄阳这座城市的悠远深厚的历史文化。

【缙云访古】

1. 缙云，是传说中黄帝的名号，这就有了与华夏人文始祖轩辕帝的因缘；缙云的历史还浸润在古溪、祠堂、老树、石峰等老物件中。

2. ①本文用语融文言与白话于一炉，自然而不随便，轻灵又典雅；②短句为主，长短交错，活泼灵动；引文与作者的话交相辉映，富有文化气息；④记叙与议论、抒情，多种表达方式综合运用，情理与事实相辅相成。

【焦作行脚】

1. 文章开头直接引用了这句话，是为了接下来作者对人们印象中的焦作与现如今的焦作进行对比作铺垫，增加文章说服力。

2. 文章通过讲述焦作这座城市的由资源城市向旅游城市的转变通过列举云台山这张焦作的名片，说明人文内涵对一座城市的名气的重要性。

【山水利川】

1. 因为利川的生态向好，说明自然环境好，这使得大片水杉得以存留，清江源的大美除了赏心悦目的自然美景外，还离不开对生态环境保护的见识之美。

2. 本文提到的世上仅存的高龄水杉老者是一株660年的长寿水杉，

是如今这块土地的生命之尊，被称为精灵老树。同时也说明水杉这株古老的树种厚重的历史。

【石上平潭】

1. 因为植物种子在猴研岛的岩石上留不住，水分流失，根基不固，即使有几许草木，也瘦骨伶仃，所以岛上总是光秃秃的。

2. 或许是因为石头的色彩在阳光的照射下放射出金黄的光泽，也或许是因为黄牛所象征的稳重、踏实、韧劲，是海岛人所向往的性格，也或许两者兼有。

【宜兴龙窑】

1. 因为作者想象中的宜兴应当有各类交易市场，各个热闹的展品推销，张扬经济实力，但实际上宜兴并没有像其他地方那样为打造名牌造声势，没有某个产品的集散、卖场场景。她被大众关注是因为这是宜兴所独有的沉静而内敛的生活态度与方式，也是宜兴龙窑的存在使得她有理由自豪。

2. 龙窑紫砂壶的问世，得益于大自然的赐予，也是巧匠们的创造，无数个像龙窑一样的母体孕育诞生。

【永远的廊桥】

1. 本文认为看书是打发光阴的最好办法，因为看书能带给人以情感上的共鸣感受，所以对看书充满了真挚而强烈的喜爱之情。

2. 因为美丽温馨的廊桥，不仅是属于作家沃勒、摄影家金凯的，它是我们情感世界里一片美好的风景，它象征的是我们人生旅途中一个偶然过程，一座生命行为的路碑，一束回忆的花朵。

第二辑　文化创作之我见

【生态美文之魂】

1. B

解析：本题考查的是对文章整体理解的能力。做这类概述类的题，要做到对概念准确的理解。B选项只说了一方面，不是全部。在第三段里面有说到"生态文学包括两个内容"即生态环境成为描写对象和忧思于自然世界的恶化对人类生存的影响。

2. D

解析：本题考查的是对文章整体阅读理解的能力。从题干的选项中可以逐一判断出前三项只是对于风物的阐述，没有写出人文情怀，而文章最后一段说："可见风物，也见人文……而凸现人文精神，为我们所处的自然生态环境进行文学的书写，是生态文学行之高远的灵魂与精髓。"

3. C

解析：本题考查的是对文章整体阅读理解的能力。对文章的整体理解，把握文章的题意，不要以偏概全。在选项上可判断语句的准确，A选项对原文理解不准确，应该是"自然而然"，B选项有些绝对；D选项把真正的生态文学作家的条件说出来，但只是具备的条件之一，并不全面。

【地域、自然与文学】

1. 因为南北方人，性情不一，其风习与心性有别，所以文学的地域与乡土气味成为重要和主要的标识，形成不同的文化和流派，表现出不同地方人的性情差异。

2. 作者认为，地域成就了文学的广度和深度，但地域的标志，或许也会阻隔了文学的现代性的精进。所以作者希望让文学的地域成为更大的精神气象，或者是一个与时下人的生活关联更有内涵的事情。

【读书之惑】

1. 本文关于读书的"惑"是指对眼下读书成为精神贵族的奢侈的疑惑，对自己的书籍没有多少知音的疑惑，对读书成为个人和同道之间私情交往的疑惑。

2. 就读书本身来说，是个人的行为，一个人孤独地面对一本书，同书的作者对话交谈；读书会使个体少了些许浮躁，充实了自己；当读书成为个人和同道之间私情交往的时候，阅读就是一种残缺。

【散文的几个关键词】

1. 四个关键词：思想、情怀、自由、语言。

2. 一是秉持着人文情怀和精神高度，让读者有共鸣；二是表达方式上充满吸引力，或文字老到精致，或气势突出。

【散文的姿态】

1.本文认为散文不是以题材取胜。从细微处、小切口生发，以小见大，文心斑斓者，才见品位。

2.一是年度的大事要事，二是新时代新生活的召唤，三是个性化的认知，四是读史读人而形而上的思辨。

【散文这个精灵】

1.本文认为出自不同时期、有着不同风格的佳作，如同厚实的基石，构成了散文文本的经典。

2.因为散文对社会和文坛的影响不可忽略，她轻巧的文本样式、灵动的文学情致、雅致的文化情怀、摇曳的文体风格都像极了精灵般的存在。

【天台诗魂】

1.因为寒山子生前寂寂无闻，但身后却声名日隆，绵延千年，不但历朝历代有名家对他的诗褒奖有加，更有唐时的志怪小说将他编为成仙的道士下凡，宋时被认为文殊菩萨再世，元时诗作还流传到了朝鲜和日本，明代终被正统文化认可，在现代也受到众多国外人士的追捧。

2."寒山体"将诗心根植于民间，汲取口语俚话、民间营养，写疾苦文字，写人间美丑，以现实情感与民间情怀为依托，嬉笑怒骂皆成文字。

【 "菩提" 林清玄 】

1.本文中的"菩提"系列作品，是一个禅与艺术的世界，是一个心灵与性情碰撞、世情与人心交织、理想与梦境相生相依的世界，是一个燃烧着情感烈火与绽开着精神花朵的生命高地，是作家从世俗生活中获取的形而上的思索，是对生命的深切体悟和精神的崇高皈依的艺术提升。

2.本文认为，林清玄把菩提意象引入为作品的主题，是在世俗化的人生中表现灵性的优雅和精神的觉悟，是用智慧的灵性光耀书写，阐释人生的困惑和世俗的平庸以及精神的高贵等，直逼当下人生的心灵状态。

第三辑 这也是一种生活

【婺源看村】

1. D E

解析: 本题考查对文章内容的理解。A项,该诗并不能体现婺源"颇具人文传统"这一特征;B项,"又对上文进行了小结"说法,它主要的是引起下文;C项,"有民间艺术瑰宝"三雕应属于婺源经商发展的结果,而非其发展的原因。

2. 示例:①写江湾村,详细描述了它的自然与人文环境等,而写晓起村则主要介绍村名的文化渊源和自然环境。②特点突出,详略得当,行文富有变化。

解析: 本题考查对文章的概括能力。从文中找关键词,第4段,江湾在婺源是一个大村。进得村头,牌楼拱立气势逼人,商贩林立,感觉不像一个村,而是一个镇。晓起村建于唐乾符年间,规模虽不大,村名却有来由,当年村上的应考者闻鸡起舞,破晓即起,为之"晓起"。根据各自特点总结即可得出答案。

3. 赞美中国最古老的文化生态村婺源独具的特色和内涵:山清水秀,一派幽静恬然而且人文传统浓郁;同时又表达了对婺源的古朴、清幽被浮躁和喧哗侵扰之后的担忧;提醒婺源人在现代文明面前,对固有文化的持守和发展经济应有更为清晰的认识。

【低碳与我们】

1. 通过身边各种生活化的场景举例，可以让读者感同身受，引起读者共鸣，启发读者思考。

2. 低碳是在生活工作中各种小细节所呈现出来的需要避免浪费的现象，而推动改变的深层逻辑是需要对管理体制的弊病进行改变。

【电脑苦乐】

1. 因为电脑慢慢地成为人们生活、工作中不可或缺的物品，几乎是中心话题，无处不在，让人欲罢不能。

2. 电脑作为高新尖的科技，具有很多的功能，但是写文章的人使用最多的功能便是用它来打字，充分发挥电脑打字的功能，对其他功能却是一知半解。

【感觉时间】

1. 从文章对时间的描述中知道，她是充满了变数的，看不见，摸不着，是不可理喻的物质，所以她可以被各种描述，但是又不能被完全地描述出来，于是就成了一道无解的题。

2. 作者在文中对一些可有可无的会议持抨击的态度，文中谈及"会议文化"意在论证对于时间的浪费。

【生命与故乡】

1.这复杂情感既有我们对故乡的热爱与引以为傲的自豪，又有我们在走向远方的时候，客观地认识到故乡所具有的贫乏和单调，这是承认故乡并不完美的矛盾情感。

2.因为故乡既是一个特定的地理方位，又是一个抽象的精神的无定所，私人化风景代表着"我们"的故乡情结即对精神家园的追求。

【五十断想】

1.本文中，古人对时间是惜时如金、视同生命的，对于时间有不可逆的珍惜感叹；现代人却是把时间当作一个丰富的矿藏，致力于与时间赛跑，与古人比较更充满争取时间的主动性。

2.作者提倡对待五十这个关口，要有平静的心情、平常的心境，自娱自乐，快乐人生。

【小城大馆】

1.本文的参观顺序，分别从"早期馆""飞行动力馆""冷战馆""现代飞行馆""宇宙空间馆"对展厅做了介绍。这样的展厅布置能够直观地呈现出人类航空技术的发展史。

2.作者认为高科技是一把双刃剑，它实现了人类的航空理想、体现了国家强盛的军事实力，但如果应用于战争，则会带来生灵的残害和历史的负罪，所以作者对武器杀伤和残害是谴责态度。

【在安溪喝茶想到苏东坡】

1. 因为"叶嘉"在苏东坡笔下，是托物言志的寄托，抒发其坎坷一生的文人心志。煮茶品茗、心性淡然，是他吟咏的茶人叶嘉的品性，也是对自己的写照。

2. 作者认为喝茶是生理之需，享受口福，好茶养身；喝茶时隔绝喧嚣浮华，养心怡情，所以是幸，是福！这是全文主旨的概括，作为结尾起到画龙点睛、总结全文的作用。

第四辑　生活随想

【写好你心中的风景】

1.本文认为优美的散文就是写作者眼中的风景再现、心中的情感表达、主观的情怀和心绪的抒发。

解析：本题考查的是对文章重点信息的提取能力。本题可根据题干关键词"优美的散文"在文章中进行提取。文章第一段结尾处写到"优美诗章或者散文篇什，就是你眼中的风景再现，是你心中的情感表达，也是你主观的情怀和心绪的抒发"即为本题答案。

2.本文所认为的"微散文"，就是如微信这类无多画面和人物的面影，以最亲和的文字方式，原生态的实感，承载着写作者的才气和性情，即时性地传播，微言大义地表达感悟。

解析：本题考查的是对文章重点信息的提取、理解、概括的能力。本题可根据题干关键词"微散文"在文章中进行关键信息的提取。可知，文章结尾段是对"微散文"的展开叙述，同时需要从中准确提取、理解，并对"微散文"加以概括："微散文"，就是如微信这类无多画面和人物的面影，以最亲和的文字方式，原生态的实感，承载着写作者的才气和性情，即时性地传播，微言大义地表达感悟。

3.（1）本句运用了环境描写，将人工湖的美丽景象逐一呈现出来，同时文字简洁又不失秀丽生动，给文章增添了文学美感。

　　解析：本题考查表达技巧的运用，以及对句子的赏析能力。赏析句子的顺序：先选择赏析的修辞手法，再看手法的表达效果，最后写作者要表达的情感。由"缤纷落英""倒影斑驳""菊花清雅""修竹萧萧"……可以看出，该句对人工湖进行了环境描写，将如此美景呈现在读者眼前，为文章增添了文学美感。

　　（2）本句运用比喻的修辞手法，将散文比作文学精灵，生动形象；同时运用拟人的修辞，用"游荡"一词展现出她的不拘一格，表达出她为何能被许多读者所爱。

　　解析：本题考查修辞手法的运用，以及对句子的赏析能力。赏析句子的顺序：先选择赏析的修辞手法，再看手法的表达效果，最后写作者要表达的情感。由"散文这个文学精灵"可看出，该句运用比喻的修辞手法，将散文比作文学精灵，生动形象；随后又通过"游荡"一词，将文学拟人化，展现出她的不拘一格，表达出她为何能被许多读者所爱。

　　（3）本句以文章体量的厚重与"微"类时髦文字的鲜明对比，解释了多年来人们对散文定义所形成的积习。

　　解析：本题考查表现手法的运用，以及对句子的赏析能力。赏析句子的顺序：先选择赏析的修辞手法，再看手法的表达效果，最后写作者要表达的情感。由该句可知，将"文章的厚重"与"微"字进行对比，鲜明且突出，解释了多年来人们对散文定义所形成的积习。

【绿色王国的寻觅】

1. 楠木是国家二类保护植物，是本文"竹溪"这个地方最具代表性的事物。它既有珍贵的"皇木"实用价值，又因其具有在恶劣环境中顽强生长的品格。通过大篇幅地描写，倾注了作者的喜爱之情。

2. 通过诗文和诗碑的引用，一方面使文章充满可读性，语言优美，增添感染力；另一方面对楠木珍贵的底蕴进行论证，增强说服力。

【彭山的高度】

1. 彭山的高度，除了它的物理高度逾 600 米，还因为"千古情感第一文"的《陈情表》出自这里，具有文学的高度。

2. 通过大数据定量的科学分析，彭山的百十岁老人，在全区 32 万人口中就有 50 多位，这个基数使得彭山被评为"中国十大长寿之乡"。

【清流啊，清流】

1. 开发清流文创产品，并向传统民间艺术发展；打造集旅游、休闲、娱乐、文化于一体的民宿；聘请名人，借用高端资源；提升文化品位，让乡村文化融入现代生活中。

2. 此处的所谓文采，是说清流镇，包括新都区一带丰厚的历史文化，也是送给出生于本地的现代著名文学家、被誉为现代"流浪汉文学之父"的艾芜先生的。

【球迷 W】

通过诙谐幽默的语言、细致入微的描写来刻画人物；通过举例美国世界杯，全方位呈现人物形象；通过人物对比，突出球迷 W 的狂热心理。

【手机微信的启示】

1. 作者认为，手机微信的出现，不只是一个信息源，也延伸了阅读空间，带给我们的写作与阅读很大变化，意义不凡。

2. 作者认为微信是不是散文，见仁见智。但从时下散文阅读的角度来看，作者认同手机微信是一个潜在的散文世界。

【唯美卢塞恩】

1. 本文所介绍的卢塞恩名片是指卡佩尔桥和与其比邻的八角形水塔，它们在各类宣传资料中都被作为卢塞恩这座城市的象征。

2. 本文提到的现代城市管理者们发展城市文化的理念是：保护历史，同时利用自然，让环境为现代人的生存服务。

— 中高考热点作家 —

中考热点作家

序 号	作 者	作 品
1	蒋建伟	水墨色的麦浪
2	刘成章	安塞腰鼓
3	彭 程	招 手
4	秦 岭	从时光里归来
5	沈俊峰	让时光朴素
6	杜卫东	明天不封阳台
7	王若冰	山水课
8	杨文丰	自然课堂——科学视角与绿色之美
9	张行健	阳光切入麦穗
10	张庆和	峭壁上，那棵酸枣树

高考热点作家

序 号	作 者	作 品
1	王剑冰	绝版的周庄
2	高亚平	躲在季节里的村庄
3	乔忠延	春色第一枝
4	王必胜	写好你心中的风景
5	薛林荣	西魏的微笑
6	杨海蒂	北面山河
7	杨献平	人生如梦，有爱同行
8	朱 鸿	辋川尚静